Ute Narewski

Welpen brauchen Prägungsspieltage

Welpen brauchen Prägungsspieltage

als Geschwisterersatz und zur behutsamen Frühsterziehung

Von Ute Narewski

2. vollständig überarbeitete und ergänzte Auflage

Verlagshaus Reutlingen · Oertel + Spörer

Haftungsausschluss
Die Hinweise in diesem Buch stammen von der Autorin. Es können jedoch keinerlei Garantien übernommen werden. Eine Haftung der Autorin bzw. des Verlages und seiner Beauftragten für Personen-, Sach- und Vermögensschäden ist ausgeschlossen.

Die Deutsche Bibliothek – CIP-Einheitsaufnahme

Narewski, Ute:
Welpen brauchen Prägungsspieltage als Geschwisterersatz und zur behutsamen Frühsterziehung / von Ute Narewski. –
2., vollst. überarb. und erg. Aufl. –
Reutlingen : Verl.-Haus Reutlingen Oertel und Spörer, 1998
ISBN 3-88627-215-X

© Verlagshaus Reutlingen · Oertel + Spörer · 1996
2., vollständig überarbeitete und ergänzte Auflage 1998
Postfach 16 42 · 72706 Reutlingen
Alle Rechte vorbehalten
Lektorat: Dr. Gabriele Lehari, Reutlingen
Schrift: 10/12 p Stone
Satz: typoscript GmbH, Kirchentellinsfurt
Reproduktionen: Repro-Maurer, Tübingen
Druck: Oertel + Spörer, Reutlingen
Einband: Heinrich Koch, Tübingen
Printed in Germany
ISBN 3-88627-215-X

Geleitwort

Menschen und Hunde können auf eine über zehntausendjährige Partnerschaft zurückblicken. Soweit wir heute wissen, waren Hunde die ersten Haustiere der Menschen. Die Partnerschaft zwischen Menschen und Hunden hat verschiedene Phasen erlebt. Bis vor einigen Jahrzehnten leisteten die Hunde den Menschen vor allem Dienste bei der Jagd, als Wächter oder Hütehunde bis hin zum Sanitäts- und Meldedienst im Krieg. Stets waren die Hunde aber auch Familienmitglied und Ansprechpartner.

Im Laufe diese Jahrhunderts sind viele der genannten Aufgaben entfallen und die meisten Hunde werden als Gefährten der Menschen gehalten, vielfach müssen sie den fehlenden oder verstorbenen menschlichen Partner ersetzen. Damit sind aber für die Hunde nicht nur Vorteile verbunden, sondern auch manche Schwierigkeiten, denn die neue Zweckbestimmung wird von „Nicht-Hundlern" oft nicht eingesehen und anerkannt. Eine immer mehr der Natur entfremdete Gesellschaft bringt den Hunden und ihren Bedürfnissen weniger Verständnis entgegen. Aber auch die „Hundler" lassen vielfach das rechte Verständnis für ihre Partner vermissen. Hunde werden stark vermenschlicht und dürfen nicht mehr Hund sein, indem sie sich nicht arttypisch verhalten können.

So bedauerliche Auswirkungen diese falsche Einstellung dem Hund gegenüber für ausgewachsende Hunde hat, so absolut schädlich ist es, wenn junge Hunde in ihrer sogenannten sensiblen Phase diesen negativen Einflüssen ausgesetzt werden. Sie können den Umgang mit Menschen und Artgenossen nicht lernen und Verhaltensstörungen werden ihnen anerzogen.

An diesem Punkt setzt die Idee der Prägungsspieltage an. Der junge Hund soll, nachdem er von seiner Mutter und den Wurfgeschwistern und deren arttypischen Einflüssen getrennt wurde, nicht isoliert und nur auf seinen Besitzer fixiert werden, sondern er soll mit Artgenossen und Menschen in eine Gemeinschaft hineinwachsen, in der er sich selbstbewusst, aber nicht dominant, zutraulich und nicht scheu sowie verlässlich und berechenbar verhält. Mit kurzen Worten, die Hunde sollen zu gesellschaftsverträglichen Partnern werden. Das Lernprogramm der Prägungsspieltage nutzt die sensiblen Phasen aus, in denen besonders schnell und intensiv gelernt werden kann, und wird spielenderweise vermittelt.

Frau Ute Narewski ist aufgrund ihrer langjährigen Erfahrung mit Hunden und Menschen in der Lage, das Thema umfassend und kompetent darzustellen. Ihre klare und leicht verständliche Ausdrucksweise macht es dem Leser leicht, sich in die komplexe Materie zu vertiefen. Möge das Buch vielen Hunden und ihren Betreuern ein unbeschwertes Leben in Harmonie mit ihrer Umwelt ermöglichen. Wenn es nach mir ginge, würde die Teilnahme an Prägungsspieltagen für jeden Hundebesitzer und seinen Welpen zur Pflicht gemacht.

Prof. Dr. K. Loeffler, Stuttgart-Hohenheim

Einleitung

. . . und noch ein Hundebuch!?

Ja, und zwar über Prägungsspieltage, Welpenspielgruppen oder
gar „Welpenschule". Letzteres ist eine schlimme Wortschöpfung,
die mich immer an so etwas wie „Säuglingsschule" erinnert – aber
jetzt habe ich wohl vermenschlicht.

Neben meiner langjährigen Erfahrung mit Welpen und deren
Besitzern habe ich mir einige organisierte Welpengruppen angeschaut. Es ist schon erstaunlich, wie verschieden man an dieses
sensible Thema herangehen kann: Vom Nur-spielen-Lassen bis
zum beinahe ausschließlichen Welpenerziehungstraining ist alles
im Angebot.

Natürlich konnte ich mir einiges abspicken, aber leider musste
ich auch sehen, wie man es nicht machen darf.

Deswegen habe ich beschlossen, ein Informations- und Anlei-
tungsbuch zu schreiben. Es möge Ihnen, dem zukünftigen Welpenbesitzer, oder Ihnen, dem Züchter, Sinn und Möglichkeiten
von Prägungsspieltagen erläutern. Dieses Handbuch soll aber auch
dem jetzigen oder zukünftigen Organisator von Prägungsspieltagen Hilfestellung geben.[1]

Erfahrungen mit den bisherigen Prägungsspieltagen zeigen die
Richtung, in die es weitergehen soll:

1. Die positiven Auswirkungen der Prägungsspieltage überzeugen:
   Erwachsene Hunde, die manchmal nach mehrjähriger Pause
   zu meinem Haus (= Treffpunkt der von mir durchgeführten
   Prägungsspieltage) gebracht werden, stürmen den früheren

---

[1] Hundefreunde gibt es immer beiderlei Geschlechts. Trotzdem habe ich im Text
durchgängig die maskuline als die neutrale Form der Personenbeschreibung verwendet. Die Leserinnen meines Buches mögen mir diese Vereinfachung verzei-
hen.

Spielplatz (das Wohnzimmer) und suchen die ehemaligen „Kollegen", rennen dann noch aufgeregt in den Garten, wo sie auch keinen mehr finden. Stellvertretend für alle, die nicht mehr da sind, springen sie mich freudig an, verbellen mich begeistert, kringeln sich um meine Füße und zeigen deutlich, dass auch der Spieltrainer unvergessen ist.

Treffe ich einen „meiner" ehemaligen Welpen nach ein bis zwei Jahren bei sich zu Hause oder ganz woanders und kümmere mich überhaupt nicht um ihn, erinnert er sich *plötzlich* und wird geradezu aufdringlich in seiner Zuneigung.

Wenn ich die vorgenannten „Spätfolgen" so betrachte, hat der Welpe sicherlich die Prägungsspieltage subjektiv positiv erlebt, das zeigt, wie wichtig das Spiel mit Gleichaltrigen ist, und sei es auch nur einmal pro Woche, aber ausgiebig!

2. Die positiven Auswirkungen sind vielfältig:

Der erwachsene Hund ist verträglich, ohne ängstlich zu sein, er ist meist sehr lernfreudig und außerordentlich auf seinen Führer bezogen, mit dem er schon während der Prägungsphase so viele schöne, erlebnisreiche Stunden beisammen war.

Das Zusammenleben mit einem Hund, der Prägungsspieltage erleben durfte, ist um vieles einfacher (vor allem beim Zusammentreffen mit anderen Hunden), aber auch beglückender – wie ich meine – für beide: Hund und Besitzer.

3. Die positiven Auswirkungen der Prägungsspieltage möglichst vielen Welpen zukommen zu lassen:

Das ist der Sinn dieses Buches, nämlich Prägungsspieltage bekannt zu machen, auszuweiten und zu qualifizieren.

Danke

Danke für das Vertrauen unzähliger Welpenbesitzer, die meine Prägungsspieltage besucht und weiterempfohlen haben – ohne sie wäre dieses Buch nicht entstanden.

Die Erfahrungswerte, zu denen sie alle mit ihren Welpen beigetragen haben, sind im folgenden Buch zusammengefasst aufgeschrieben.

Ohne die Großzügigkeit meines Mannes, der seit Jahren (sonntags!) das halbe Haus und den Garten für Prägungsspieltage zur Verfügung stellt, hätte ich die wunderbare Tätigkeit gar nicht in dieser Form ausüben können. Dafür und für seine Hilfsbereitschaft bei den Vorbereitungen vor und dem Aufräumen nach den Welpen-Prägungsspieltagen danke ich ihm sehr.

Meine langjährige Spieltrainerin Marianne Egertz und ihre ebenso engagierte Kollegin Sabine Galatowitsch halten mir zuverlässig „den Rücken frei". Beide ermöglichen mir, dass ich abkömmlich bin, sei es für Seminare oder auch mal Urlaub. Die Welpen-Prägungsspieltage sind ihr hauptsächliches Hobby, welches immer ehrenamtlich durchgeführt wird, dafür möchte ich mich sehr, sehr herzlich bedanken. Ich hoffe und wünsche, dass es noch recht lange so weitergeht.

Frau Dr. Yvonne Kejcz, meine Mentorin, hat mir bei der Vorbereitung dieses Buches unendlich geholfen. Hierfür mein großes Dankeschön.

Meine Freundin Ute Tawfik (vormals Krause) hat mir schon bei der Erstauflage alle Wege geebnet und war Tag und Nacht in Sachen Buch im Einsatz. Mit ihrer ansteckenden guten Laune hatte sie alle meine Schwierigkeiten weggeräumt und mir wie selbstverständlich auch wieder bei den Vorbereitungen für die zweite Auflage geholfen. Vielen herzlichen Dank!

Den Hundefreunden, die mir ihre künstlerische Hilfe angeboten haben, danke ich sehr. Besonders natürlich Familie Mihelic, Familie Fischer und nicht zuletzt Frau Monika Uhlmann. Sie gaben mir damit auch immer wieder das Gefühl, dass dieses Buch erscheinen muss.

Herr Prof. Dr. Klaus Loeffler, emeritierter Leiter der Tierklinik der Universität Hohenheim, hatte ohne zu zögern seine Zusage für das von mir erbetene Geleitwort gegeben. Ich bin stolz darauf und danke ihm herzlich.

Vorwort zur 2. Auflage

Als Autorin dieses Buches und Begründerin des darin beschriebenen *Welpen-Prägungsspieltage Lernspiel Concept Narewski®* freue ich mich sehr über die Notwendigkeit einer 2. Auflage. Das bedeutet doch, dass unzählige Welpen mit ihren Besitzern und auch sehr viele Spieltrainer davon profitiert haben.

Seit dem Schreiben für die erste Auflage hat sich vor allem beim Aufbau des Prägungsspieltages einiges geändert, aber auch in der Erziehungsanleitung gab es Fortschritte. Insgesamt hat sich auch im Rahmen der zahlreichen Seminare, in welchen ich hochqualifizierte neue Spieltrainer ausbilden durfte, viel an neuem Gedankengut ergeben. Es gibt jetzt außerdem einige (wenn auch für die Nachfrage immer noch viel zu wenige) Welpen-Prägungsspieltage in Deutschland und der Schweiz, die ganz nach meinem Lernspiel-Conzept ausgerichtet sind.

Beim *Lernspiel-Concept Narewski* wird besonderer Wert gelegt auf:

- Vermeidung von Reizüberflutung,
- Abwechslung für den Hundebesitzer,
- Kontinuität für die Welpen im Lernbereich und
- viel, viel innerartliches Spiel.

Wir wissen, dass Welpen nur lernen, was sie über den Kopf aktiv durchführen, ohne dass sie vom Besitzer in eine Position gebracht werden.

Außerdem lernen Welpen nur, wenn sie angst- und stressfrei sind und wenn die Ansagen ihres Chefs eindeutig, aber sehr freundlich sind. Das heißt, alles was wir vom Welpen wollen, wird ihm in *einem* Wort, aber sehr lieb gesagt. Das Wort wird meistens von einem dazugehörigen Handzeichen unterstützt.

Alles, was wir nicht oder anders wollen, mit mit „Nein" korrigiert. Darauf folgt wieder freundlich das Wort für die Position, die wir dadurch erreichen möchten. Sobald etwas gut geklappt hat, wird gelobt, indem man den Welpen mit Worten und Streicheln oder Spielen oder auch mal mit Leckerbissen verwöhnt.

Das Spielen der Welpen miteinander ist die Hauptsache, aber damit sich das wirklich *nur* positiv auswirkt, bedarf es einiger Kenntnisse des verantwortlichen Spieltrainers. Hin und wieder muss die Spielqualität unbedingt reguliert werden.

All das habe ich in dieser zweiten Auflage verdeutlicht. Möge mein Buch wieder Tausenden von Welpen, Besitzern und Trainern Hilfe bieten und Freude bereiten.

Reutlingen, im August 1998

Ute Narewski

Über die Autorin

Ute Narewski ist 1943 in Esslingen am Neckar geboren. Sie ist Krankengymnastin, aber schon einige Jahre nicht mehr berufstätig.

Ihr erster Hund, ein verhaltensauffälliger Riesenschnauzer, den sie vierjährig übernahm, weckte ihr Interesse an der kynologischen Fachliteratur.

Daraus lernte sie, dass es viel besser ist, einen Hund im Welpenalter zu sich zu nehmen. So holte sie sich 1978 einen Irish Wolfhound-Welpen und später einen Golden Retriever-Welpen in die Familie. Beide wurden recht gute Hunde. Aber erst „Hajo", der Golden Retriever einer Freundin, wurde nach der Methode des Amerikaners Richard Wolters bereits als Welpe systematisch erzogen. Er wurde ein Riesenerfolg!

Aus den Veröffentlichungen von Heinz Weidt erkannte Ute Narewski, was noch fehlte: das Spielen! 1988 setzte sie seine Idee der Prägungsspieltage in die Praxis um.

Ständige Weiterentwicklung, die besonders in den ersten Jahren von Heinz Weidt – aber auch anderen Kynologen – gefördert wurde, machte Ute Narewskis Prägungsspieltage bis in die Schweiz bekannt.

Im In- und Ausland wurden ihre Berichte darüber in Hundemagazinen publiziert. Züchter und Hundeclubs fordern sie als Referentin und zur Demonstration von Prägungsspieltagen an. Im Hause Narewski hospitieren häufig angehende Trainer von Welpenspieltagen.

Die aus den Prägungsspieltagen kommenden Junghunde werden mit ihren Besitzern bis zur Begleithundeprüfung oder dem Team-Test von Ute Narewski in Reutlingen weiter betreut.

Inhalt

XVI

Kapitel I

Prägungsspieltag – Was ist das eigentlich?

1. Ein organisiertes Treffen von Welpen

Ein PST (= Prägungsspieltag) ist ein organisiertes Treffen von Welpen zur Weiterführung des Spiellernens mit Gleichaltrigen und dem neuen Rudelführer Mensch.

Es ist ein Ersatz für die viel zu früh verlassenen Geschwister, die im Wildleben kaum vor einem Jahr getrennt würden.

Um einen Welpen optimal in seine neue Familie einzugliedern, ist es jedoch nötig, ihn möglichst jung (während der prägungsähnlichen Sozialisierungsphase) aus seinem Hunderudel zu nehmen.

Zu diesem Zeitpunkt ist sein innerartliches Verhalten aber noch keineswegs gefestigt, es bedarf weiterer, regelmäßiger Übung im Spiel mit anderen Welpen.

2. Die Idee stammt von Heinz Weidt

Diese Erkenntnis brachte Heinz Weidt auf die Idee, Prägungsspieltage vorzuschlagen. In seinem Buch „Der Hund, mit dem wir leben: Verhalten und Wesen" kann die notwendige Theorie, auf der die Prägungsspieltage basieren, ausführlich nachgelesen werden. Auch andere Verhaltensforscher (s. Buchempfehlungen) haben schon häufig die sensiblen Phasen beim Hund beschrieben. Hier darüber zu referieren, würde nur eine Wiederholung bedeuten.

3. Den Welpen „roh" lassen

Den Welpen „roh" lassen, und das in der lernfähigsten Zeit seines Lebens – das ist nach den heutigen Erkenntnissen nicht mehr zu verantworten.

Deswegen ist die Anleitung für eine behutsame Frühsterziehung wichtiger und fester Bestandteil eines qualifizierten Prägungsspieltages.

4. Prägungsähnliches Lernen der Welpen

Das prägungsähnliche Lernen der Welpen ist eine Riesenchance, aber auch eine nicht minder große Gefahr: Alles, was der Welpe zwischen der dritten und zwölften Lebenswoche (auslaufend bis zur 16. Woche) wiederholt erfahren und gelernt hat, ist beinahe unauslöschbar in seinem Gedächtnis. Deswegen muss die Grundlage seiner Erziehung zielorientiert auf seine spätere Verwendung ausgerichtet sein. Ein Umkonditionieren ist sehr aufwendig und häufig unmöglich.

5. Wachsendes Selbstbewusstsein der Welpen

Das wachsende Selbstbewusstsein der Welpen resultiert aus seinem Spielerlebnis mit Gleichaltrigen, aber auch aus dem Spiellernen mit seinem geliebten Rudelführer, Herrn und Meister und Chef. Die Lernschritte werden beim Prägungsspieltag in homöopathischen Dosen einstudiert. Das Selbstbewusstsein des Welpen steigert sich auch durch die wohl dosierten Reize unterschiedlichster Art, die beim qualifizierten Prägungsspieltag geboten werden.

6. Sicherheit für den Welpenbesitzer

Die Sicherheit, die ein neuer Welpenbesitzer während der Prägungsspieltage bekommt, ist ein ganz wichtiger Punkt, der schon für sich allein die Teilnahme an Prägungsspieltagen rechtfertigt!

Es kommt allerdings – ringsum – auf die Qualität des Prägungsspieltages an!

Kapitel II

Prägungsspieltag – Worauf Sie achten sollten!

1. Nicht alle Welpenspielgruppen sind gleich

Das qualitative Angebot driftet weit auseinander, häufig lohnt sich ein weiter Anfahrtsweg, obwohl am Heimatort Welpentreffs veranstaltet werden.

2. So informieren Sie sich

a) Moderne Tierärzte können Auskunft geben, weil sie sich selbst dafür interessieren, woher die auffallend gelassenen und wohlerzogenen Hundepatienten kommen.

b) Wenn Sie einem Rassezuchtverein angehören, veranstaltet dieser inzwischen häufig clubeigene Spieltage. Die Termine werden regelmäßig in der Clubzeitung veröffentlicht. Jedoch Vorsicht! Da gibt es leider manchmal regelrechte „Welpenschulen", d. h., auf das Spiel wird viel zu wenig Wert gelegt. Die Welpen sind während der kurzen 60-Minuten-Treffs fast nur an der Leine. Sozusagen „Drill im Säuglingsalter".

c) Schon bevor Sie sich Ihren Welpen ins Haus holen, sollten Sie die Zeit nutzen und andere Hundehalter nach ihren Erfahrungen fragen. Sprechen Sie vor allem Leute an, deren Hund sehr freundlich und wohlerzogen ist. Die Kombination beider Eigenschaften ist in der Regel das Ergebnis erfolgreicher Prägungsspieltage.

d) Die besonders guten Hundemagazine haben bereits ein Verzeichnis von Welpenspieltagen. Auch wenn es nicht ständig veröffentlicht wird, können Sie es sich schicken lassen. Manchmal, wenn genügend Platz bei diesen Treffen ist, dürfen Sie sogar schon vorab einmal teilnehmen.

3. So müsste der Treffpunkt sein

Ein eingezäuntes Grundstück mit der Möglichkeit, eine Scheune oder gar den Hobbyraum des dazugehörigen Privathauses zu benützen, ist die Grundvoraussetzung. Die überdachte Unterkunft ist notwendig, um die ausgemachten Termine bei Wind und Wetter einhalten zu können.

In einem geschlossenen Raum ist die Mitarbeit der Welpen für das Zeigen einer neuen Übung wesentlich konzentrierter.

Manche Veranstalter machen jedes Mal einen anderen Treffpunkt aus, aber das hat sich gar nicht bewährt: Die Teilnehmer sind durch mehr oder weniger hektische Wegsuche oft unpünktlich und schon von Beginn an nicht mehr entspannt.

Außerdem kennt der Spieltrainer die Umgebung zu wenig, um optimale Geländereize zu bieten.

Am häufigsten jedoch finden Welpentreffen auf regelrechten Hundesportplätzen statt, was jedoch aus mindestens zwei Gründen eine schlechte Lösung ist:

a) Die Infektionsgefahr ist nirgendwo höher als eben auf einem Hundesportplatz.
b) Manche Hundehalter, die dort Mitglied sind oder auch nur so den Platz zur Ausbildung benützen, haben ihren Hund keineswegs immer im Griff. Unfälle sind vorprogrammiert.

4. So müsste die Ausstattung des Treffpunktes sein
- Im Freien gibt es ein Planschbecken
- einen Tunnel oder eine Röhre
- eine niedrige Wippe
- einen aufgehängten Mofa-Reifen u. Ä. mehr.
- Im Raum darf der Boden nicht zu hart oder gar rutschig sein.
- Genügend Sitzgelegenheiten, die möglichst außen herum angeordnet sind, so dass in der Mitte Platz zum Spielen und zum Vorführen der kleinen Übungen bleibt.

Wasserscheu? – Keine Spur, durch das Planschbecken beim Prägungsspieltag-Treffpunkt.

5. So sollten sich die Teilnehmer zusammensetzen

a) Vier bis acht Welpen von der 7. bis zur 16. Lebenswoche. Wünschenswert ist der Beginn weit vor der 12. Woche, um die prägungsähnliche Sozialisierungsphase noch ausnützen zu können.

b) Bei mehr als acht Welpen müssen zwei Spieltrainer voll zuständig sein, aber niemals sollten mehr als zwölf Welpen in einer Gruppe betreut werden. Das Mensch-Hund-Chaos ist sonst vorprogrammiert.

c) Eine Wurfgeschwistergruppe ist zwar schön und für die Teilnehmer eher familiär. Die Hunde sind dann aber oft sehr einseitig auf die Spielgewohnheiten ihrer Rasse geprägt und tun sich nachher trotz Prägungsspieltage mit ganz anders gearteten Hunden schwer.

d) Wenn ein Welpe jeweils zwei erwachsene Familienmitglieder mitbringt, ist das optimal. Kinder sollten generell nicht dabei sein, sondern nur nach Absprache oder in Ausnahmefällen. Letzteres dann, um Welpen, die zu Hause keine Menschenkinder haben, die Möglichkeit zu geben, auch mit Kindern zu schmusen und zu spielen.

e) Erwachsene Hunde sollten das Welpenspiel nicht stören dürfen. Spieltrainer haben aber manchmal besonders geeignete

„Hundetanten" und „-onkel", die beim Spielen der Welpen dafür sorgen, dass keiner den anderen plagt.

6. So muss Erkrankungen vorgebeugt werden

a) Welpen müssen aus einer durchgeimpften Mutter stammen, deren maternale Antikörper im Prinzip die Welpen bis zur 10. Woche schützen. Meistens werden die Welpen mit acht Wochen zum ersten Mal geimpft, wobei vor allem die Parvovirose-Impfung wichtig ist. Das Parvovirus hält sich hartnäckig in der Umgebung eines befallenen Welpen. Der Treffpunkt dürfte, je nach Materialbeschaffenheit des Bodens und der Einrichtung, monatelang nicht von Welpen betreten werden.

Alle anderen Viren sind zwar für schwach immunisierte Welpen gefährlich, aber doch nicht für die Räumlichkeiten.

Eine Impfpasskontrolle ist bei Hunden, die an Prägungsspieltagen teilnehmen, zwingend notwendig!

b) Die Welpen müssen vorschriftsmäßig, d. h. alle 14 Tage bis zur 16. Lebenswoche entwurmt werden.

c) Der erste Tierarztbesuch nach der Abgabe vom Züchter sollte möglichst der nächste Werktag sein. Mit der Begutachtung des hoffentlich gesunden Welpen erhält der frisch gebackene Besitzer auch gleich den nötigen Vorsorgeplan.

d) Flöhe, Milben und sogar Läuse bringen manche Welpen aus ihrer ersten Heimat mit. Diese sollten mit Hilfe des Tierarztes bekämpft sein, bevor der Welpe zu seinem ersten Prägungsspieltag erscheint.

e) Fast bei jeder Hunderasse muss während des Wachstums eine unnötige Gelenkbelastung vermieden werden, d. h., um die Welpen beim ausdauernden Spielen nicht unnötig zu gefährden, darf der Boden nicht hart oder gar rutschig sein. Die Wege beim Trödelspaziergang sollte man entsprechend anpassen und nicht zu lang wählen.

7. So müsste der Spieltrainer sein

a) Zunächst einmal muss ein Spieltrainer mehr, und zwar viel mehr, wissen als alle Hundebesitzer, die zum Prägungsspieltag kommen.

Der Spieltrainer wird von Hunden und Welpen liebe-voll respektiert.

Dazu ist es auch nötig, wissenschaftlich geschriebene kyno-logische Literatur durchzuarbeiten.

Nach Möglichkeit sollte er unter erfahrener Anleitung einen eigenen Welpen aufgezogen haben, den er jetzt, als erwachse-nen Hund, auch vorzeigen kann. Vorzeigen im Sinne von ver-träglich mit Mensch und Hund und gut erzogen.

Nur der beste, der gewissenhafteste Ausbilder aus einem Ver-ein darf für die verantwortungsvollste Aufgabe im Hundeleben herangezogen werden.

b) Die Begeisterung für Welpen im Allgemeinen, die jeder norma-le Mensch hat, genügt selbstverständlich nicht, um sich als Spieltrainer zu qualifizieren. Das jedoch scheint vielerorts die einzige Voraussetzung für die Verantwortung eines Prägungs-spieltages zu sein.

c) Der gute Spieltrainer zeigt auch Qualitäten in der Menschen-führung und Pädagogik, denn tatsächlich hat er mehr damit zu tun als mit der eigentlichen Hundeerziehung. Nicht der Spieltrainer muss die Welpen an die Leine nehmen (als Beispiel), sondern er muss den Besitzern vermitteln, wie das vor sich geht.

d) Selbstverständlich ist die beste Ausbildung immer noch die zusätzliche Praxis. Es gibt schon bewährte Prägungsspieltage, bei denen Neulinge unbedingt hospitiert haben sollten, ehe sie selbst eine Gruppe leiten.

e) Züchter übernehmen manchmal selbst die Aufgabe des Spieltrainers, meist aber nur alle zwei Jahre und für die von ihnen gezogenen Welpen. Aber ein sehr guter Züchter wird nicht automatisch ein passabler Spieltrainer, genauso wenig wie umgekehrt. Jeder muss sich ernsthaft in die entsprechende Materie einarbeiten – und manchmal ist es viel besser, jeder bleibt bei seinem „Leisten".

f) Ein Spieltrainer ist zuverlässig und das ganze Jahr über bereit, Prägungsspieltage abzuhalten, denn ein Welpe ist nur einmal in der sensiblen Phase bis zur 12. bzw. 16. Woche – somit kann er nicht auf den nächsten Kursbeginn warten.

g) Der verantwortungsvolle Spieltrainer organisiert Prägungsspieltage so, dass er bis zur entsprechenden Gruppengröße jederzeit einen neuen Welpen einfädeln kann.

8. So müssen die Dauer und die Zeiteinteilung sein

a) Eine kleine Gruppe von drei bis fünf Welpen erfordert trotzdem gut drei Stunden Zeit, wobei 2½ Stunden für Spiel und Ruhe einzuplanen sind. Nur die restlichen 30 Minuten werden unter den einzelnen Welpen aufgeteilt, um mit ihnen und ihren Besitzern neue Übungen auszuprobieren.

b) Größere Gruppen (sechs bis zehn Welpen) benötigen mindestens vier Stunden, die wieder aus 15- bis 20-minütigen Spiel- und ebenso langen Ruhezeiten im Wechsel bestehen. Auch hier wird der einzelne Welpe nur wenige Minuten zum Mitmachen bei den Erziehungs- oder Geschicklichkeitsübungen animiert.

c) Prägungsspieltage von kürzerer Dauer sind in der Regel reine Spielstunden, in denen die einmalige Chance der prägungsähnlichen Frühsterziehung vertan ist. Außerdem werden die Welpenbesitzer kaum ihre vielen Fragen beantwortet bekommen.

Kapitel III

Merkblätter, die dem zukünftigen Teilnehmer an Prägungsspieltagen zugeschickt werden

1. Wann sollte ein Welpe das erste Mal zum Prägungsspieltag kommen?

Optimal ist es (entgegen der Vorstellung der meisten Leute), wenn der Welpe z. B. am Samstag vom Züchter geholt wird, dann die erste Nacht (sowie alle Nächte bis zu einem halben Jahr!) neben dem Bett seines neuen Besitzers geschlafen hat und schon am nächsten Tag, hier also sonntags, zum ersten Prägungsspieltag darf.

Das Wiedersehen mit Geschwistern oder im anderen Fall das Kennenlernen neuer Welpen löst enorm viel Freude aus. Dazu sind die Eindrücke so überwältigend, dass von Stund an keinerlei Heimweh mehr zu spüren ist. Natürlich nur, wenn der Welpe nicht allein gelassen wird, denn dazu fehlt ihm noch die biologische Reife (in aller Regel bis zum 6. Monat).

In vielen Ländern oder auch wenn der Welpe keine Papiere hat, wird er schon zur 7. Woche abgegeben, d. h., er kann auch mit sieben Wochen das erste Mal zum Prägungsspieltag kommen. Hunde, die vom VDH (Verband für das Deutsche Hundewesen) kontrolliert sind, was grundsätzlich empfehlenswert ist, dürfen wegen der Zuchtvorschriften erst mit acht Wochen abgegeben werden.

So haben Sie für die wichtigsten Erfahrungen und Lernschritte, die prägungsähnlich angelegt werden sollen, noch vier bis sechs Wochen Zeit, die mit Hilfe der Prägungsspieltage bestens genutzt werden kann.

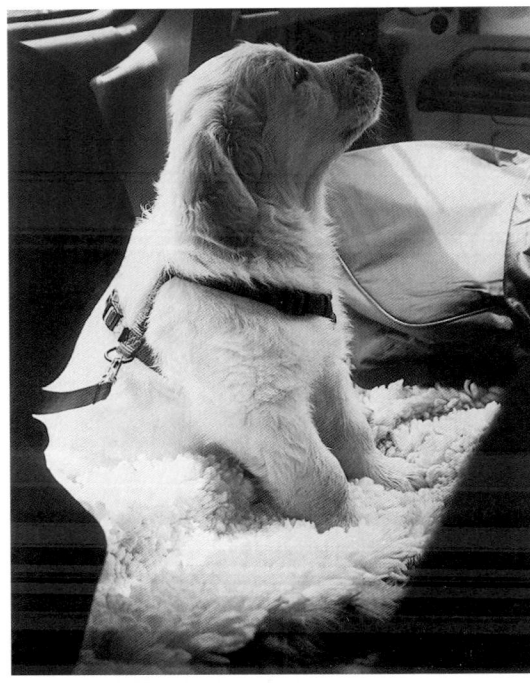

Der Transport im Auto:
gemütlich und sicher!

2. Wegbeschreibung mit Uhrzeit und Kostenangaben

Eine genaue Wegbeschreibung erspart dem aufgeregten Welpenbesitzer zusätzlichen Stress. Der reservierte Termin sollte mit Datum und Uhrzeit vermerkt sein.

3. Anleitung für den Transport des Welpen im Auto

Kleine Rassen lieben eine „Autokiste": Ein kräftiger Karton oder eine Plastikkiste wird mit dem Sicherheitsgurt auf der Rückbank hinter dem Beifahrersitz befestigt.

Die Kiste wird gemütlich, evtl. wasserdicht, ausgepolstert. Der Welpe sollte ein Brustgeschirr tragen, welches, wenn er in der Kiste sitzt, so kurz mittels Leine (Schnur, Kette) an der Kiste festgebunden wird, dass er nach keiner Seite herauskrabbeln kann.

Größere Welpen brauchen keine Kiste, sie werden auf ihrer Decke auch am Brustgeschirr und einer kurzen Leine direkt am geschlossenen Sicherheitsgurt fixiert.

So sitzt der Welpe auch sicher bei einer Vollbremsung, außerdem lernt er von Anfang an, dass er im Auto auf dem ihm zugewiesenen Platz bleiben muss. Solange das Autofahren noch ungewohnt ist, tut dem Welpen ein wenig Sprech- und Handkontakt (zumindest an der Ampel...) wirklich gut.

Ein späteres Umziehen in den Gepäckteil des Kombis macht keinerlei Schwierigkeiten, sobald der Hund genügend groß und schwer ist. Aber auch hier sollte man ihn nicht auf dem bloßen Autoboden mitfahren lassen: Eine stoß- und lärmdämmende Schaumstoffmatte mit evtl. waschbarer Auflage sollte selbstverständlich sein.

4. Tips für die ersten Tage im neuen Heim

Stubenrein, möglichst schnell

Beobachten Sie Ihren Welpen, wenn er sucht (schnüffelt), unruhig wird, z.B. nach dem Fressen, nach dem Schlafen, nach und während dem Spielen, dann nehmen Sie ihn auf den Arm und gehen mit ihm zum Lösplatz. In der entsprechenden möglichst nahe gelegenen Ecke Ihres Gartens setzen Sie den Welpen ab und sagen ihm mit freundlicher Stimme „Mach schnell", bis er sich hinhockt (egal, ob großes oder kleines „Geschäft") und während er uriniert oder kotet, wiederholen Sie gleich freundlich „Mach schnell". Sobald er fertig ist – nicht vorher – loben Sie ihn mit all Ihren guten Worten recht überschwänglich und streicheln ihn. Selbstverständlich können Sie auch jedes andere „Zauberwort" verwenden, solange es nur immer dasselbe ist.

Bald verknüpft der Welpe, was Sie von ihm erwarten, manchmal hockt er sich sogar hin, obwohl er gar nicht muss. Wahrscheinlich, um zu zeigen, dass er Ihren Wunsch wohl verstanden hat. Später, beim erwachsenen Hund, können Sie somit beim Stadtgang, vor einer Prüfung o.Ä. erreichen, dass er sich dann und dort löst, wo Sie es wünschen.

Zurück zum Welpen: In der fremden Umgebung wird es schon mal zu einem Malheur kommen, manchmal auch öfter (vor allem, wenn der Weg zum Lösplatz über mehrere Treppen geht). Bitte ignorieren Sie die Bescherung. Wenn möglich sollte eine Hilfsperson mit dem Welpen den Raum verlassen, damit Sie in Ruhe und ohne dass er zuschaut, aufwischen können. Wenn Sie ihn dabei zusehen ließen, würden Sie ihm bestätigen, dass er sich den richtigen Platz ausgesucht hat. Früher, als seine Hundemutter alles weggeputzt hatte, war ja auch alles in Ordnung. Sollten Sie den Welpen beim Hinhocken erwischen, heben Sie ihn schnell hoch, aber schimpfen Sie niemals. Das Unterbrechen seines Bedürfnisses ist schon unangenehm genug – machen Sie ihm das Weiterpinkeln draußen mit dem Zauberwort angenehm.

Ein noch unsicherer Welpe, der fürs „In-die-Stube-Machen" geschimpft oder gar geschlagen wird, wird bald *nur* noch aus Ängstlichkeit urinieren oder, wenn er raffiniert ist, nur in Ihrer kurzen Abwesenheit Verstecke aufsuchen, die Sie so schnell gar nicht finden.

Stubenrein ist ein Welpe dann, wenn er sich „meldet".

Dieses Melden lernt der Welpe am besten bei Nacht: Gehen Sie recht früh zu Bett, leinen Sie den Welpen an Ihrem Bettrost so kurz an, dass er sein Lager, das Sie neben Ihrem Bett gerichtet haben, nicht verlassen kann. Keine Sorge – er kann sich trotzdem genügend drehen und schlafen. Überkommt ihn nun ein Bedürfnis, wird er einen Weg suchen, Sie zu wecken: Er gähnt, er fiept oder er zerrt an der Leine. Vielleicht stellt er sich mit den Vorderpfoten auf Ihr Bett und leckt Sie oder winselt. Manchmal kriegt er auch einfach Schluckauf.

Jetzt sollten Sie folgende Reihenfolge einhalten: Welpe hochnehmen, Leine abmachen, in die Hausschuhe schlüpfen, mit einem Arm den Morgenmantel umhängen und schon sind Sie unterwegs zum Lösplatz: *„Mach schnell"* wird nun zügig befolgt. Lassen Sie sich trotz großem Lob nicht zum Spielen animieren, sondern loben und beruhigen Sie den Kleinen, indem Sie ihn gleich wieder hereintragen und ihn auf sein Lager legen. Anbinden und noch ein bisschen streicheln und schon schlafen Sie beide wieder.

Durch die Erfolgswiederholungen bei Nacht lernt der Welpe meistens, dasselbe Verhalten Ihnen gegenüber auch am Tag zu zeigen.

Schon haben Sie die Stubenreinheit für beide Teile stressfrei erreicht.

Ein Welpe toleriert Halsband und Leine, wenn er damit zum Futternapf marschieren kann.

Anlegen von Halsband und Leine

Die meisten Züchter haben bis zur Abgabe ihre Welpen an Halsband und Leine gewöhnt. Falls nicht, ist es eine Sache von wenigen Stunden, bis der Welpe das Halsband akzeptiert.

Legen Sie es dem Welpen an, bevor er sein Futter bekommt, und lassen Sie es beim Fressen und beim Spiel mit Ihnen dran. Er verknüpft: Nach dem Halsbandanlegen kommt etwas Schönes.

Der nächste Schritt ist das Anbringen der leichten Leine oder auch nur einer Schnur: Wiederum beides – Halsband und Leine – vor dem Füttern anlegen. Der Welpe zieht jetzt ein paar Meter die Leine hinter sich her (aufpassen, dass er nirgends hängen bleibt oder selber darauf tritt!), dann gibt es Fressen.

Schon bei der nächsten Mahlzeit begleiten Sie den Welpen mit der Leine in der Hand zur Futterschüssel.

Nach insgesamt vier Mahlzeiten und ein bisschen Spiel hinterher akzeptiert jeder Welpe Halsband und Leine. Das ist eben auch für die Nacht erforderlich, obwohl der Welpe tagsüber noch nicht richtig an der Leine gehen kann, er muss die Leine nur einfach mögen (s. Erziehungsanleitung).

Namensgewöhnung

Der Welpe soll seinen Namen kennen lernen: Dazu benützt man diesen *nur* positiv! Locken Sie spielerisch „Anka", immer wenn etwas Gutes (aus der Sicht des Welpen) passiert. „Anka".

Niemals, aber wirklich niemals, rufen Sie den Namen, wenn Sie den Welpen bei einer Untat stoppen wollen. Da heißt es barsch „Nein!".

An lockerer Leine geht der Welpe jetzt schon neben seinem Chef.

Hörzeichen „Hier" oder Doppelpfiff vor und während des Fressens.

Möglichkeiten für Untaten sollten anfangs lieber weggeräumt werden, um nicht zu häufig negativ auf den Welpen einwirken zu müssen (z. B. Teppiche mit Fransen, Blumenkübel u. Ä.) (s. Erziehungsanleitung).

Einüben des Hörzeichens für das spätere Herankommen

Ein klares „Hier!" oder ein Doppelpfiff (Tüt-Tüt) mit der schmalen Seite der Horn- oder Kunststoff-Pfeife sind empfehlenswerte Hörzeichen.

Eine Woche lang sollten Sie Ihr gewähltes Hörzeichen **vor** und **während** der Welpenmahlzeit ertönen lassen.

Danach, in der zweiten Woche, hält ein Helfer Ihren Welpen. Sie gehen mit der Futterschüssel bei jeder Mahlzeit in einen anderen Raum und rufen oder pfeifen von dort (= orten).

In der dritten Woche hält der Helfer den Welpen im Haus fest, während Sie sich mit dem Futter im Garten verstecken – das ist ein erschwertes Orten. Auf Ihren Ruf/Pfiff hin muss der Welpe jetzt richtig suchen.

Ideal, wenn Welpen mit Kind und
Katze in der Familie aufwachsen

Trödelspaziergang zum Austoben der Welpen

Was ist denn da los?

... aha, es ist „angerichtet"!

Liegespiele

Ein viel zu kleines Leckerle für so viel Wasser

Erst nach diesen drei Wochen nehmen Sie die Pfeife mit auf den Spaziergang, aber bringen Sie sie bitte immer mit zum Prägungsspieltag.

Skelett eines Labrador Retrievers

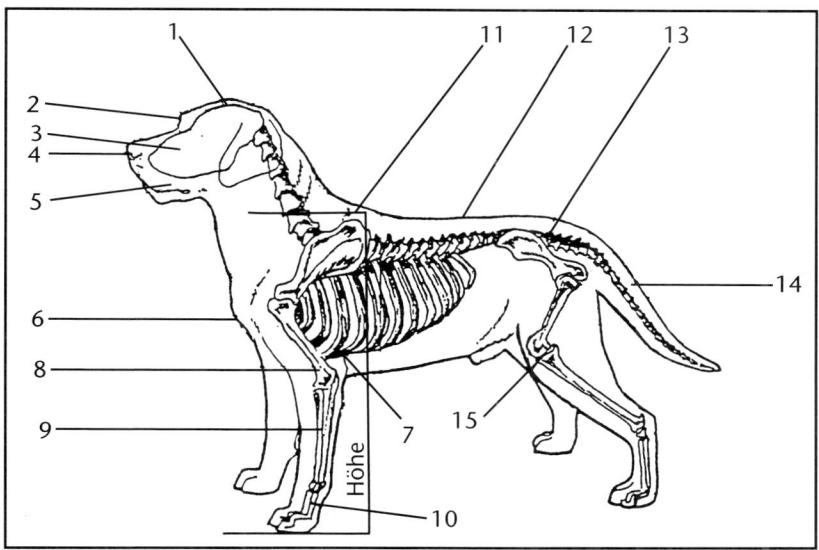

1 Oberkopf, 2 Stopp, 3 Vorgesicht, 4 Nasenschwamm, 5 Unterkiefer, 6 Vorderbrust, 7 Unterbrust, 8 Oberarm, 9 Unterarm, 10 Vordermittelfuß, 11 Widerrist, 12 Rückenlinie, 13 Rutenansatz, 14 Rute, 15 Knie.

Für die Welpenapotheke

- Fieberthermometer (ohne Piepser)
- Zeckenzange (nur ziehen, *nicht* drehen!)
- Wund- und Heilsalbe (Inhalt: Zinkoxid, Lebertran; Cetylstearyl-alkohol, Wollwachs etc.) bei nicht vollständig entfernten Ze-cken
- Kalzium-Ampullen gegen Juckreiz bei allergischen Reaktionen
- Säuglingszäpfchen gegen Durchfall und/oder Erbrechen
- Baby-Heilnahrung, Zwieback, evtl. Weizenkleie zur Diät
- Ein Döschen Sauerkraut (bei unrichtig verschluckten Gegen-ständen)
- Ein Döschen Ölsardinen (gegen Verstopfung)

Kapitel IV

Meine Idealvorstellung von der Organisation und dem Aufbau von Prägungsspieltagen

Entscheidend – die ersten Minuten beim 1. Prägungsspieltag

Wenn Sie, verehrter Leser, nun zum ersten Mal bei dem von Ihnen ausgewählten Prägungsspieltag ankommen, werden Sie vielleicht schon einige Teilnehmer antreffen. Drei, vier Welpen verschiedener Rassen spielen bereits, die dazugehörigen Besitzer stehen dabei und unterhalten sich angeregt. Sie halten Ihren Welpen so lange auf dem Arm, bis Sie der Spieltrainer begrüßt und Ihnen zeigt, wo Sie am besten den unangeleinten Welpen **ohne** Halsband und ohne Geschirr absetzen können. Es hat sich bewährt, den Neuling in der Mitte der Spielfläche herunter zu lassen und sich nicht mehr um ihn zu kümmern. Das bedeutet, Sie als unsicherer Welpenbesitzer bleiben einfach nur ruhig stehen. Sie reden nicht mit Ihrem Liebling und Sie streicheln ihn vor allen Dingen nicht. Ist er erst kurze Zeit von seinen Geschwistern weg, wird er sich gleich vom Spiel der anderen mitreißen lassen. Hat er aber schon ca. drei Wochen gar keinen Hund oder Welpen mehr gesehen, dauert es etwas länger, bis er sich erinnert und zu seinen Kollegen zutraulich wird.

Womöglich rast er panikartig in die äußerste Ecke, um von dort unfreundlich nach jedem zu schnappen, der in die Nähe kommt. Das ist die schwierigste Situation, die der Spieltrainer zu lösen hat: Er sucht z. B. den sanftesten Welpen aus und setzt beide Vierbeiner nochmals in die Mitte der Spielfläche, so entspannt sich die Situation meistens. Hilft dies auch nicht, darf der Welpe kommentarlos auf den Arm genommen werden, um sich all das verwirrend Neue erst einmal von oben zu betrachten. Kommentarlos deswegen, weil Sie ihm mit Ihrer Stimme signalisieren könnten, dass Sie das Ganze auch beängstigend finden. Deswegen: Sprechen Sie nicht mit ihm, streicheln Sie ihn auch nicht, sondern halten Sie ihn nur ein Weilchen oben. Auch das „Gestreicheltwerden" würde er so verstehen, dass ein Grund zur Angst vorhanden wäre.

Solange nur Welpen, also keine Junghunde über 16 Wochen, dabei sind, passiert in aller Regel nichts. Allerdings gibt es Rassen, bei denen schon die Welpen einen sehr harten Biss haben, und den lockern sie auch nicht, wenn der Spielgefährte jammert. Da sollte zugunsten der anderen Welpen entschieden werden. Liebhaber von hartmäuligen bzw. hartgriffigen Rassen sollten sich über den Züchter ihres Welpen oder den entsprechenden Hundeclub um rasseinterne Prägungsspieltage bemühen.

Gehen Sie aber ruhig davon aus, dass Sie sich den richtigen Prägungsspieltag mit dem verantwortungsvollen Spieltrainer ausgesucht haben, beobachten Sie gelassen und wenn sich dann das Ganze ungefähr so abspielt, wie ich es Ihnen in den folgenden Modellen beschreibe, werden Sie bestimmt profitieren und zufrieden sein.

Damit Sie besser erkennen können, wie sorgfältig (im Idealfall) das gesamte Programm auf die physische und psychische Reife der Welpen abgestimmt ist, beschreibe ich zunächst **acht Prägungsspieltage für Wurfgeschwister.**

Die Beschreibung ist ein **Konzept.** Dieses kann nur wie angegeben fortgeführt werden, wenn die jeweils vorausgegangene Lektion gut geklappt hat. Das bedeutet, dass sich auch bei gleichaltrigen Welpen im Laufe der Wochen sehr wohl unterschiedliche Lernstufen ergeben können. Schließlich sind nicht alle Hundebesitzer gleich begabt und motiviert, um ihre Welpen zu erziehen. Oder wenn ein Welpe durch Krankheit mal eine Woche lang nicht gefordert werden kann, wird sich auch daraus ein anderer Lehrplan ergeben als für die anderen Gleichaltrigen. Deshalb muss auch bei einer Wurfgeschwisterbetreuung Tagebuch geführt werden.

Prägungsspieltag 9 + 10 veranschaulicht Ihnen dann den viel komplizierteren Ablauf bei einer **rasse- und altersmäßig gemischten Welpengruppe.** Dieses ist jedoch die zu bevorzugende und allgemein übliche Form einer derartigen Veranstaltung.

In der Natur gibt es keine gemischten Welpengruppen

In der Natur gibt es aber auch keine Trennung von den Geschwistern und Alttieren, bevor die jungen Hunde nicht selbstständig Beute machen können.

Wie wir wissen, ist es jedoch für das Zusammenleben zwischen Mensch und Hund von unschätzbarem Wert, wenn die Trennung vom Hunderudel in der prägsamsten *sensiblen Phase* erfolgt, so dass der menschliche Meuteführer notwendigerweise voll akzeptiert wird.

Die Züchter in den USA, den skandinavischen Ländern, ja in den meisten europäischen Ländern außer der Schweiz, Österreich und Deutschland geben ihre Welpen ab der 6. Woche ab, wenn im neuen Zuhause ein Althund lebt, sonst mit dem 49. Tag, wenn der Welpe nur bei Menschen leben wird.

Eingreifen beim Welpenspielen?

Um einem Welpen das artgemäße Spielen und Daraus-Lernen weiter zu ermöglichen, finden, wie Sie bereits wissen, unsere Welpen-Prägungsspieltage statt. Da sich der Hund in unserer menschlichen Zivilisation an möglichst viele andere Hunde und Situationen gewöhnen muss, ist es sinnvoll, die Welpengruppen bunt zu mischen.

Wir stoßen dann sehr früh auf Reaktionen der Welpen, die uns klar zeigen, hier fehlt das Instinktwissen, es müssen Erfahrungswerte gesammelt werden. Damit diese für die Zukunft positiv sind, bedarf es der Einsicht des Spieltrainers, wo er eingreifen, besänftigen oder herausnehmen muss.

Im gewachsenen Wolfs- und Wildhundrudel gibt es zur gleichen Zeit niemals unterschiedlich alte Welpen, da immer nur die Alphatiere einen Wurf aufziehen. Alle anderen Wölfe bzw. Hunde sind mindestens ein Jahr alt und dürfen entweder gar nicht zu den Welpen oder sie werden als Onkel und Tanten zum Bewachen der Umgebung des Wurflagers, zum Beutemachen, später auch zum Erziehen und jagdlichen Anleiten der jungen Tiere eingesetzt. Wegen dieser in der Natur sehr sinnvollen Regelung haben unsere verschiedenen Welpen kein Instinktwissen, wie sie mit andersartigen und unterschiedlich alten Welpen umgehen sollen. Die enorme Lern- und Anpassungsfähigkeit des Hundes ermöglicht es ihm dennoch, sich innerhalb kürzester Zeit richtig zu verhalten, wenn es ihm nur verständlich gezeigt wird.

Das Eingreifen beim Welpenspiel beginnt oft sogar schon beim Züchter. Wenn die ansonsten hochkarätige Mutterhündin keine gute Erzieherin ist, muss der Mensch darauf achten, dass „Bossy types" nicht dauernd die Sanfteren zu bleibenden „Underdogs" stempeln. Eine instinktsichere Hündin allerdings reguliert das sehr wohl alleine, und daraus müssen wir lernen. Das heißt, wir sehen, dass das Alttier gelassen zuschaut, auch wenn die Welpen laut bellend und knurrend *spielen*. Sobald das Spiel in einen ernsthaften Kampf umschlägt, fährt die Alte kurz und deutlich dazwischen. Die Welpen stieben auseinander und „besinnen" sich, danach spielen sie friedlich weiter.

Der Vorgang ist ganz ähnlich, wenn im Spiel bei Quieken des einen Welpen der „Beißer" sofort loslässt, dann ist das offensichtlich in Ordnung, die Hundemutter beobachtet ruhig weiter. Hält das Quieken an, weil der „Beißer" weiter den Fang zulässt, packt ihn die Alte am Nackenfell und schleudert ihn weg oder dreht ihn sich auf den Rücken und er muss sich eine sehr genaue Kontrolle ihrerseits gefallen lassen.

Welpenspielen muss kontrolliert werden!
Es ist also auch im gewachsenen Rudel eine Spiel-„Aufsicht" nötig und umso mehr in unseren willkürlich zusammengesetzten Welpenspielgruppen.

Zu meinem *Lernspiel-Concept* gehört bei der Schulung der Spieltrainer als wichtigstes Fach, das Beobachten des Welpenspiels und das richtige Eingreifen zu üben.

Es beginnt damit, dass ein (vor allem sehr junger) neuer Welpe mit seinem Besitzer auf eine möglichst freie Fläche geschickt wird, der Besitzer bleibt stehen, der Welpe wird abgesetzt. Je nachdem wie stürmisch oder wie sanft die anderen Welpen auf ihn zukommen, muss man den Neuling schützen oder kann ihn dem Spiel überlassen.

Wie sieht das „Beschützen" aus?

Der Besitzer wurde vorab angeleitet, dass er, wenn sein Welpe ins Verteidigungsschnappen gerät, diesen kommentarlos hochnimmt. Der Welpe wird also nur der Situation entzogen, damit er seinen Stress abbauen kann, dann lässt man ihn wieder runter. Auf keinen Fall sollte der Besitzer mit ihm reden, denn die Gefahr, dass der Welpe an der Stimme erkennt, dass auch sein unerfahrener Chef unsicher ist, ist sehr groß.

Ist der Spieltrainer in der Nähe, nimmt er den Neuen hoch und zeigt mit aufmunternden Worten, wie man den Welpen ansprechen sollte, so dass dies im Laufe der ersten Stunden dann auch vom Besitzer nachgemacht werden kann.

Diese Methode hat sich hervorragend bewährt. Nichts ist schlimmer als Hunde, die bei einem Welpentreffen waren und sich dort ständig schnappend verteidigen mussten. Sie behalten bei allen späteren Begegnungen mit Hunden dieses gefährliche Verhalten bei, was zwangsläufig zu Auseinandersetzungen führen muss. Wie ungeheuer ärgerlich und frustrierend ist das für diesen Hundebesitzer, der sich doch extra die Mühe machte, jeden Sonntag mit seinem Welpen zum Spielen zu fahren. Spieltrainer haben eine große Verantwortung, auch wenn sie „nur" spielen lassen, also ohne zusätzliche Angebote für die Welpen und ihre Besitzer arbeiten.

Nochmals möchte ich hier betonen, dass die Verantwortung für Welpengruppen nur von sehr erfahrenen und speziell ausgebildeten Personen übernommen werden dürfte.

Wobei sonst muss das Verhalten der spielenden Welpen korrigiert werden?

Dominante Typen haben ihren größten Spaß daran, bei den Kollegen dauernd aufzureiten, besser gesagt: sie niederzureiten. Erkennt der Spieltrainer oder der Welpenbesitzer ein solches Exemplar, wird dieses zunächst kommentarlos weggehoben, hilft das nicht, wird es beim nächsten Eingriff kommentarlos, aber energisch mittels Nackenfellgriff weggeschubst.

Macht er *oder* sie trotzdem weiter, muss der Welpe ein Weilchen fern gehalten werden, so dass er sich ein neues Spiel einfallen lassen kann. Auch hierbei hat sich gezeigt, dass Welpen, die weder zu Hause noch beim Prägungsspieltag dauernd aufreiten dürfen, das auch spätestens nach zwei Wochen lassen und es nur noch im Wechselspiel (jeder ist mal oben oder unten) ausführen.

Welpen, die zu grob sind und zu wenig Beißhemmung zeigen, müssen natürlich sofort gebremst werden. Auch hier wieder zunächst angemessen: Der Besitzer oder der Spieltrainer hält mit einer Hand den Grobian am Nacken, die andere Hand geht ans Mäulchen und trennt die beiden mit ruhigen Worten wie „Sanft" oder „Zart". Sollten ein, zwei derartige Unterbrechungen nichts nützen, muss man wiederum ruhig, aber konsequent den „bissigen" Welpen am Nackenfell packen und ihn ein Stück über den Boden schlittern lassen. Eventuell hilft es weiter, den Vorgang zunächst mit einem deutlichen „Nein" zu begleiten, dann das „Sanft" freundlich nachzusetzen.

Ist ein Welpe dabei, bei dem diese Prozedur nichts nützt, muss er meines Erachtens die Gruppe verlassen, auf keinen Fall dürfen die anderen Welpen wegen eines solchen Hundes Schaden nehmen.

Alters- und Größenunterschiede

In einer bunten Gruppe gibt es schon mal 14 Wochen alte Leonberger (große Rasse) und acht Wochen alte Tibeter (kleinere Rasse). Da ist es sehr wichtig, dass beide wenigstens gewichtsmäßig einen gleichartigen Spielkameraden vorfinden. In diesem Fall kann man durch Abfangen der schwergewichtigen Großen die Kleineren so lange vor dem Überrolltwerden schützen, bis die Großen das Interesse verlieren und wieder untereinander spielen. Für sehr zarte, empfindliche junge Welpen ist es oft besser, erst später (mit ca. elf Wochen) teilzunehmen oder sogar überhaupt nicht. Es ist nicht nur das ständige Unbehagen, ausgelöst durch ungebremstes Rempeln der schweren Welpen, das sich für alle Zeiten festsetzen kann, es könnten durchaus auch bleibende Gelenkschäden entstehen. Der Spieltrainer hat eine große Verantwortung, aber der Welpenbesitzer muss mitdenken, um eine optimale Welpenzeit zu gestalten. Ist Ihnen als Welpenbesitzer nicht geheuer, was Sie da erleben, nehmen Sie bitte Ihren Welpen auf den Arm, bis Ihnen der Spieltrainer plausibel erklären kann, weshalb oder ob das Spielverhalten seiner Meinung nach in Ordnung ist. Notfalls ziehen Sie die Konsequenz, verabreden Sie sich dann lieber nur mit einzelnen passenden Welpen und führen die Erziehung einfach nach diesem Buch durch. Das ist dann zwar nicht das große Erlebnis, aber die bessere Lösung.

Prägungsspieltage nur mit Geschwistern sind zwar natürlicher, aber sie bereiten keineswegs vollwertig auf das Zusammenleben in unserer Gesellschaft vor. Deswegen plädiere ich unbedingt für gemischte Welpengruppen, aber nur unter bester Aufsicht!

Acht Prägungsspieltage am Modell „Wurf-geschwister"

1. Prägungsspieltag
Ankunft der Teilnehmer; Geländeauswahl; Besprechen der bereits bekannten Informationsblätter; Stehübung; Leinenführigkeit; Gemeinsames Füttern

Ankunft der Teilnehmer (und Impfpasskontrolle der Welpen), Begrüßungsspiel
Nach Möglichkeit sollten sich die Welpen am Treffpunkt ohne Halsband oder Brustgeschirr und Leine begrüßen können. Geht das aus irgendwelchen Gründen nicht, sollten sie lieber so lange auf dem Arm des Besitzers bleiben, bis alle Welpen da sind und die Impfpässe kontrolliert wurden. Gegen Parvoviren sollten die Hunde geimpft sein. Ansonsten genügt zunächst der maternale Impfschutz für den ersten Besuch.

Jetzt erfolgt die Einteilung für den Geländegang. Dann fährt der Konvoi mit dem Spieltrainer an der Spitze zum vorgesehenen Trödelspaziergang.

Geländeauswahl (einfaches Gelände)
Das Gelände hierfür kann für dieses erste Mal recht einfach sein. Wichtig ist eventuell, dass der Bewuchs nicht zu hoch oder zu dornig ist, damit die Welpen mit ihren kurzen Beinchen auch wirklich spielen können. Beobachten Sie jetzt die Stimmung unter den Welpen, die sich dann sehr schnell auf die Menschen überträgt. Sie werden fröhlich und gelöst, wenn Sie sehen, wie sehr Ihr Welpe diese Art von Beschäftigung braucht und genießt.

Ein Eingreifen wegen zu schlechtem Benehmen beim Spielen ist bei Wurfgeschwistern anfangs eher selten nötig. Meistens genügt es, wenn sich die ganze Gruppe ein kleines Stück weiterbewegt.

Je nach Wetter und Verfassung der Welpen fahren alle nach ca. 1 bis 1½ Stunden zum Treffpunkt zurück.

Solange die Welpen dabei spielten, manchmal getragen wurden oder ebenso zwischendurch im Gras ruhten, ist die Dauer des Ausflugs durchaus dem Welpenbedürfnis angepasst. Es wäre jedoch

Trödelspaziergang: Langsames Gehen und Verharren, damit die Welpen sowohl Lauf- als auch Liegespiele durchführen können.

sehr schädlich, würde die Gruppe die ganze Zeit zügig marschieren. Dann käme es durch den Folgetrieb der Welpen zu einer absoluten Überforderung der Gelenke und/oder der inneren Organe.

Füttern (ohne Schreckreiz)

Die Welpen können nun etwas spielen, bevor sie von ihrem Besitzer zur Ruhe angehalten werden, um zu schauen, wie ihr gemeinsames Futter auf der Plastikdecke verteilt wird. Genaue Beschreibung des „Gemeinsamen Fressens" der Welpen s. u.

Nach dem Füttern wollen Welpen immer spielen (Welpen bekommen keine Magendrehung!), das können sie dann draußen tun. Die Besitzer sollten schauen, dass sich ihr Welpe löst (allerdings kann es bei etwas unsicheren „Exemplaren" sein, dass sich diese stundenlang nicht lösen – bis sie wieder zu Hause sind). Jeder Welpe, der sich gelöst hat, kommt wieder nach drinnen, wo er angeleint wird und lernt ruhig dazubleiben. Winseln und Bellen wird sofort mit dem Über-die-Schnauze-Greifen (der Spieltrainer zeigt dies) abgestellt. Diese „Steadiness" ist eine der wich-

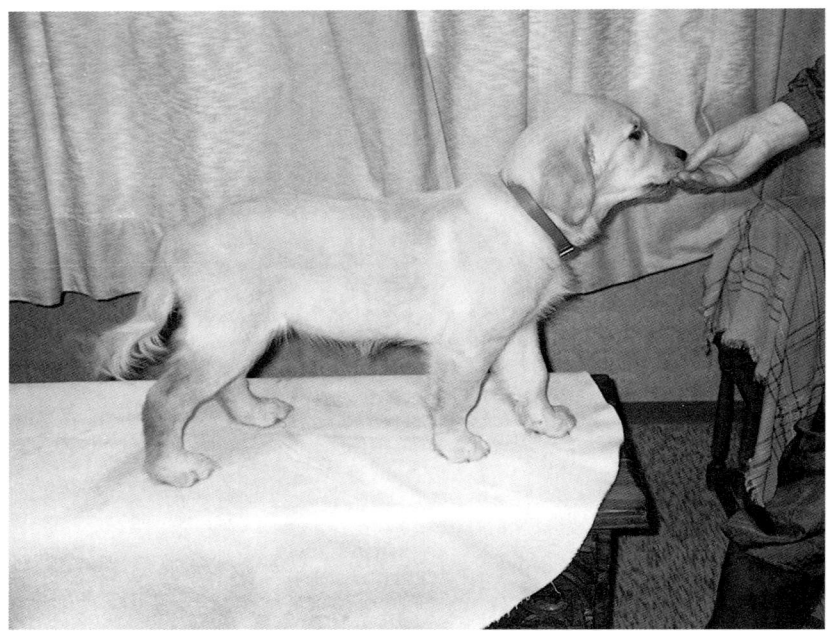

Das „Steh" ist die von den Welpen bevorzugte Übung: Es gibt Käse zum Kauen.

tigsten Übungen für das ganze Hundeleben und wird auf diese Art im müden Zustand der Welpen leicht „einstudiert".

Besprechen der schon bereits bekannten Informations-blätter
Während die Welpen jetzt am Boden schlafen, wird die Konzentration ihrer Besitzer nochmals gefordert: Neue Infokopien werden ausgeteilt und besprochen, ebenso der Inhalt der zuvor verschickten „Tips für die ersten Tage".

Stehübung
Bis hierher sind zweieinhalb bis drei Stunden vergangen, die Welpen sind schon wieder recht erholt und lassen sich gerne mit einem Stückchen Käse zur *ersten Übung „Steh"* wecken und auf die Truhe stellen. Das ist die überzeugendste Art, einem frischgebackenen Hundebesitzer zu zeigen, wie schnell ein Welpe lernt: Es motiviert und begeistert.

44

Sie finden die genaue Beschreibung dazu in der Erziehungsanleitung.

Leinenführigkeit

Der Welpe, der seine Steh-Übung absolviert hat, wird zum Lösen
ins Freie getragen. Er sollte gleich wieder hereinkommen und sich
nicht erst müde spielen, damit den Welpenbesitzern anhand ihres
Welpen die ordentliche Leinenführigkeit demonstriert werden
kann. Sie sehen daran, wie geschickt oder zögernd oder hart, ja
sogar ungeduldig – wie auch immer – die Besitzer umgehen würden, könnte man sie beim Prägungsspieltag nicht gleich anleiten
und oft auch korrigieren.

Wenn alle Welpen wenige Meter mit ihren Besitzern (natürlich
immer jeder einzeln, die andern sind „steady") „marschiert" sind,
dürfen sie drinnen oder draußen wieder eine Abschiedsrunde spielen, während die Besitzer jetzt ihre persönlichen Fragen nach
Möglichkeit beantwortet bekommen.

Beim ersten Mal werden nur ganz aktuelle Fragen beantwortet,
alles andere wird bis zu einem späteren Treffen verschoben, denn
sonst können aus den vorgesehenen vier Stunden ganz leicht
sechs Stunden Zeit werden.

Zum Abschied wird die telefonische Auskunftsbereitschaft der
Spieltrainer angeboten, um mit Ratschlägen jederzeit helfen zu
können.

Gemeinsam füttern, wozu und wie?

Besucher von Prägungsspieltagen legen im Allgemeinen großen
Wert auf einen ringsum verträglichen Hund, warum also nicht
auch beim Fressen? Lassen Sie einmal einen sozialisierten Althund,
der den Umgang mit Welpen gewöhnt ist, dabei mitfressen. Er wird
jeden, der einem anderen knurrend oder schnappend das Futter
wegnehmen will, sofort sehr energisch zurechtweisen. Oft geschieht das dermaßen demoralisierend, dass der angriffige Welpe
für dieses eine Mal gar nicht mehr weiterfressen will. Also ist es
durchaus hundlich verständlich, wenn der Besitzer oder der Spieltrainer den verfressenen Raufbold blitzartig am Nacken hochhebt
(alle vier Füße in der Luft) und ihn wieder unsanft absetzt oder,
wenn er sich gerade am Rand befindet, ihn mit demselben Nacken-

Gemeinsam von einer Decke
fressen fördert das verträg-
liche Miteinander auf angenehme Weise.

griff über den Fußboden schlittern lässt. Nur Nackenfellschütteln
ist eine lediglich recht irritierende Methode, aber dazu später mehr.

Meist ist nur ein Störenfried in der Gruppe und sobald dieser
korrigiert wurde, sieht man, mit welcher Genüsslichkeit die Welpen das Futter aufnehmen und auch die letzten Krümel von der
Decke lecken. Es muss genügend Futter angeboten werden, so
merken sich die Welpen, dass sie satt werden, und zeigen auch
beim nächsten Mal keinen Futterneid. Es ist zweifellos nach dem
Begrüßungsspiel der zweite Höhepunkt eines Prägungsspieltages.
Viele Welpen haben eine lange Fahrt bis zum Treffpunkt hinter
sich, manche wurden deswegen Stunden zuvor nicht mehr gefüttert, so dass sie nach dem Trödelspaziergang wirklich hungrig
sind. Es gibt keinen Grund, sie weitere zwei Stunden hungern zu
lassen, denn der Welpenbrustkorb ist noch so eng, dass sich der
Magen gar nicht drehen kann. Deswegen hat es die Natur auch so
eingerichtet, dass Welpen nach den Mahlzeiten immer spielen –
auch mit sich alleine.

46

 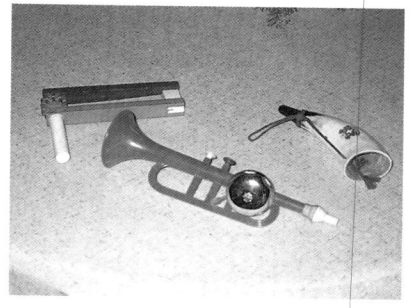

Optischer und akustischer Reiz zugleich: ein mit Dosen gefüllter Sack und drei übereinander hängende Kartons, in denen sich Schrauben befinden.

Eine Kindertrompete, mit Klingel versehen, eine Holzrätsche und ein lautes Horn sind Beispiele für akustische Reize.

Also bietet man ruhig eine gemeinsame Fütterung an. Es ist eine ausgezeichnete Sozialisierungsmaßnahme für unsere zivilisierte Welt, wo man sich eben auch als Hund ab und an besucht oder gar in Ferien geht.

Das gemeinsame Fressen sollte ein kleines Ritual sein, das damit beginnt, dass die Besitzer ihren Welpen am Boden sitzend schön festhalten, denn der Welpe sollte dabei zuschauen, was vorbereitet wird. Er muss sehen, dass eine „Tischdecke", am besten aus abwaschbarem Material, anstatt des sonst üblichen Futternapfes ausgebreitet wird. Das ist deswegen wichtig, weil ja niemand möchte, dass sein Welpe alles vom Boden aufnimmt und frisst. Qualitätstrockenfutter wird entweder in der entsprechenden Welpenanzahl häufchenweise auf der Decke verteilt oder sonst auch gleichmäßig darauf verstreut. Der Spieltrainer wird beim ersten Mal selbst den späteren „Komm-Pfiff" (für die, die mit Hornpfeife arbeiten, eine gute Anleitung) ertönen lassen. Dann werden alle Welpen gleichzeitig freigelassen. Der Spieltrainer verharrt zunächst in „Habachtstellung", um, wie oben erwähnt, gleich beim ersten Unbotmäßigen zu korrigieren. Fressen dann alle von Anfang an schön friedlich, lässt man sie zunächst alles auffuttern, um nochmals einen Durchgang zu starten. Jetzt kann schon eine zusätzliche Geräuschquelle eingesetzt werden, und zwar einmal *vor* dem Komm-Pfiff (der Welpe sitzt derweil gespannt beim Besitzer) und noch einmal während des Fressens. Bei der angenehmen Beschäftigung des Fressens vertragen auch weniger abgehärtete Welpen den Krach ganz gut.

Ein Erschrecken in Form von Hochschauen, Hinsitzen, mit einem Satz ausweichen oder gar weiter weglaufen ist so lange normal, wie der Welpe von sich aus wieder zum Futter zurückkehrt, zumindest dann, wenn das ungewohnte Geräusch aufgehört hat.

Lärmquellen: Föhn, Rätsche, Mundharmonika, Heulrohr, Hupe, Schachtel(n), gefüllt mit Nägeln, Dosen, gefüllt mit Steinen, Sack, gefüllt mit Blechdosen u. v. a. mehr, aber keine Schüsse!

Optische Reize: Schnell zu öffnender Regenschirm. Gespenst, bestehend aus Mensch in Plastiksäcken oder weißem Bettbezug mit großer Kopfbedeckung. Leinentuch, das an den vier Ecken von den Teilnehmern gefasst wird und über den Welpen auf und nieder bewegt wird. Sicher kommt man noch auf andere Ideen.

Bei den optischen Reizen hat es sich bewährt, diese während des Festhaltens vor dem 2. Durchgang einzusetzen, damit sie überhaupt wahrgenommen werden und dann die Welpen nach einem weiteren Komm-Pfiff sogleich loszulassen, um ihre Reaktion nicht zu beeinflussen.

Pro gemeinsame Mahlzeit je ein optischer und ein akustischer Reiz sind genug!

Beim gemeinsamen Füttern ist ein weiterer Test ganz wichtig: Respektieren alle Welpen die Menschenhand?

Hat man allgemeine Friedfertigkeit beobachtet, kann der Spieltrainer selbst den ersten Test vormachen: Er fährt mit einer Hand von vorne langsam auf einen fressenden Welpen zu, die andere Hand schwebt einsatzbereit über dessen Nacken. Es ist wichtig, dem Welpen deutlich zu erkennen zu geben, dass das der Mensch ist, der in die Nähe kommt, sonst könnten schon versehentlich spitzzahnige Überraschungen passieren. Greift ein Welpe trotz richtigen Vorgehens an, muss er deutlich korrigiert werden. Den nächsten Versuch sollte dann aber unbedingt sein Besitzer ausüben, denn wenigstens bei ihm muss er absolut friedfertig sein.

So müde vom Spielen könnte der Collie-Welpe beinahe einen Stuhl gebrauchen!

Auch bei einem Welpen, der vorher einen anderen Welpen angegriffen hat, empfiehlt sich der Hand-Test nur durch seinen Besitzer.

Der Handtest sollte fast jedes Mal durchgeführt werden, da sich die Welpen eben auch fortlaufend verändern. Eine etwaige negative Veränderung gilt es rechtzeitig zu bemerken und zu korrigieren.

In der Regel sind es seltene und nur einzelne Störungen während der gemeinsamen Mahlzeit, so dass sie insgesamt wirklich als einer der Höhepunkte eines Prägungsspieltages angesehen werden kann.

Dass die Welpen danach spielen und sich lösen müssen und sicher auch Durst haben, ist ein ganz natürlicher Vorgang, weswegen alle gemeinsam wieder mal nach draußen gehen.

„Steadiness" = Mensch und Hund verhalten sich ruhig, damit ein einzelnes Team üben kann.

2. Prägungsspieltag

Geländeauswahl; Leinenführigkeit; Komm-Spiel; Füttern; Sitz; Tunnelübung; Steh

Geländeauswahl (lichter Wald)

Für dieses 2. Treffen kann das Gelände schon etwas anspruchs-voller sein, z. B. lichter Wald.

Nach dem ersten Austoben in der neuen Umgebung werden die Welpen angeleint und üben wieder Steadiness (= Sich-ruhig-Ver-halten in der Warteposition). Die Teams (= Besitzer + Welpe) pos-tieren sich so weit auseinander, dass die Welpen ihren Spieltrieb unterdrücken können. Für das ganze Hundeleben ist das eine wichtige Lektion: An der Leine wird nicht mit Artgenossen ge-spielt und somit – im Zweifelsfall – auch nicht gerauft!

Ein Helfer hält den Welpen,
sein Führer entfernt sich.

Hörzeichen „Hier" oder Doppelpfiff:
Der Welpe rast zum Chef.

Neben Lobesworten erhält der Welpe zum
Empfang ein Leckerle, das er nur erreichen
kann, wenn er – zufällig – vorsitzt.

Leinenführigkeit

Der Spieltrainer demonstriert nochmals die Haltung bei der Leinenführigkeit, die ja eine Woche lang in und außerhalb des Hau-
ses geübt worden ist. Das erste Team aus der Gruppe muss nun

hervortreten und 10–15 m vorgehen. Alle andern stehen hinter den Arbeitenden außer Sicht.

Jetzt muss man in den meisten Fällen schon darauf dringen, dass der Besitzer *sofort* den an der Leine ziehenden Hund korrigiert. Jeder Besitzer muss lernen, auf seinen Hund individuell einzugehen, das bedeutet ein ständiges Wechselbad von „heiß" (= lobend) und „kalt" (= korrigierend). Die meisten Hundebesitzer, auch die erfahrenen, tun sich damit sehr schwer, deswegen muss es der Spieltrainer immer wieder gut vorspielen und dann die Teilnehmer üben lassen. Prinzipiell gilt dies für jede Übung bei jedem Prägungsspieltag.

Stimme, Mimik und Körpersprache müssen vom Hundebesitzer genau kontrolliert werden, wie auch das Betreiben von Sprechhygiene (z. B. während des Lehrens der Leinenführigkeit gibt es nur **zwei** Wörter, nämlich: „Nein!" und „Fuuuuß". Das „Nein!" wird sehr energisch gesprochen, das „Fuß" dagegen lockend und lobend, eben sehr freundlich. Der Welpe soll gern bei Fuß gehen und sich nicht vor dem Wort „Fuß" ducken.

Bitte achten Sie darauf, dass anfangs der Welpe nur einzelne Wörter lernen und verknüpfen kann. Umso schneller gelingt dann der Gesamtvorgang einer Übung.

Die Leinenführigkeit wurde also von jedem Team hin und zurück durchgeführt, so dass jetzt wieder Halsband und Leine abgenommen werden und die Welpen spielen dürfen.

Komm-Spiel

Eine zweite Steadiness wird notwendig, denn man bereitet jetzt die erste Übung des Abrufens vor: das „Komm-Spiel" in Sicht.

Jeder Besitzer erhält ein gut riechendes Leckerle – für nachher! Das erste Team kommt wieder nach vorne, es wird erklärt, wie weit und wohin der Besitzer gehen, besser: laufen soll. Dann hält der Spieltrainer den Welpen um den Brustkorb, der Besitzer lässt ihn kurz am Leckerle schnuppern und rennt weg. Am angegebenen Punkt angekommen, stellt er sich aufrecht und breitbeinig hin, dann streckt er den rechten Arm mit dem Leckerle in der Hand in Schulterhöhe aus. Gleichzeitig mit dem Hörzeichen „Hier" oder dem Doppelpfiff wird der Arm schnell nach vorne unten bewegt. Das Leckerle wird dem heranrasenden Welpen so angeboten, dass er es nur bekommt, wenn er *zufällig* sitzt.

Während er kaut, wird er am Hals gekrault und deutlich am Halsband festgehalten und dauernd gelobt, denn der Welpe soll den Griff am Nacken und Halsband als angenehm empfinden lernen. Hat er fertig gekaut, lässt ihn sein Besitzer los und kommt im Dauerlauf mit ihm zur Gruppe zurück. Erst jetzt wird der Welpe wieder angeleint.

Dies ist für die Besitzer eine sehr motivierende Übung, denn sie gelingt immer, wenn die Distanz richtig eingeschätzt wurde.

Die neuen Welpenbesitzer müssen dringend davor gewarnt werden, dieses „Komm-Signal" woanders als bei einer gezielten Übung oder daheim beim Füttern zu verwenden!

Jedes nicht befolgte Komm-Signal während der Prägungsphase ist eine Katastrophe, weil der Welpe so geprägt lernt, er kann kommen oder auch nicht. Der Vorgang des Herankommens muss vollständig automatisiert sein, ehe das Hörzeichen in unsicheren Situationen verwendet werden kann! Der Spieltrainer muss das immer wieder betonen, Gelegenheit dazu gibt es genügend, und zwar bei jeder Aufforderung an die Besitzer, ihre Welpen mal wieder anzuleinen. Hier beginnt fast jedes Mal ein allgemeines Durcheinanderrufen, das sofort gestoppt werden muss. Dann kommt die obige Erklärung und die Anleitung, den Welpen aus Spielsituationen heraus zu *holen*.

Füttern (mit Kindervelohupe und automatischem Schirm)

Nach dem Geländespiel geht es zum Treffpunkt zurück, wo es wieder eine Erholungspause für Mensch und Tier gibt. Beim gemeinsamen Füttern der Welpen bietet sich diesmal als Geräuschkulisse eine Kindervelohupe an und vor dem zweiten Fütterungsdurchgang öffnet und schließt man ein paar Mal einen automatischen Schirm. Dieses geschieht sowohl in Bodennähe als auch in normaler Höhe, danach dürfen alle wieder weiterfressen.

Sitz

Die neue Übung „Sitz" wird heute gelehrt.

Alle im Raum sind steady. Der Spieltrainer übt und demonstriert mit einem Welpen, dass das Sitzen für diesen *die* Haltung

Gerade für groß wachsende Welpen ist ein Tunnel hervorragend zur Erprobung der Körperbeherrschung geeignet.

ist, die er einnimmt, wenn er nicht weiß, was er tun soll. Der Welpe lernt es also eher zufällig (**ohne** Zug und Druck!), und er tut es gern. Die genaue Beschreibung des Vorgangs finden Sie in der „Erziehungsanleitung". Die Besitzer müssen wissen, dass das Hör- und Sichtzeichen für „Sitz" *nur* angeleint gegeben wird und höchstens dreimal am Tag. Auch muss die neue Übung zu Hause zeitlich stark getrennt von der Steh-Übung durchgeführt werden. Zum „Lernen" und „Speichern" braucht der Welpe Freude, Ruhe und Zeit – genau wie wir Menschen auch.

Tunnelübung

Jetzt wird, nach der längeren Steadiness während der Sitzübung, wieder eine Spielphase eingebaut, die zugleich dazu benutzt wird, einen Tunnel zu durchlaufen. Durch einen im Grundstück stehenden Tunnel (eine Stoffröhre) soll nun jeder Welpe einzeln laufen. Das ist in der Regel kein Problem, solange die Röhre am anderen Ende hell bleibt und nicht vom lockenden Besitzer verdunkelt wird. Die Röhre sollte außerdem anfangs gehalten werden, so dass sie nicht hin und her wackelt. Jetzt also setzt einer den Welpen vor die Öffnung und legt ein Leckerle in die Röhre. Dies genügt normalerweise, ihn zum Hineingehen zu animieren. Von der anderen Seite wird ihm ein weiteres Leckerle entgegengeworfen, so dass der Welpe zielstrebig zum Ende des Tunnels geht, wo er von seinem Besitzer begeistert empfangen wird. Er wird auf dieselbe Art gleich nochmals zurücklaufen.

Ist ein Welpe besonders vorsichtig, wird der Stofftunnel zunächst auf Reifendicke zusammengeschoben und im Kleinen begonnen. Bei jedem Durchgang wird er wieder verlängert. So hat es bisher noch jeder Welpe gelernt und gern getan. Beim nächsten Treffen braucht es in der Regel keine Leckerle mehr, denn die Welpen sind inzwischen schon so mutig, dass sie durch den Tunnel rennen und sogar darin spielen.

Steh mit Umdrehen

Nach dieser spielerischen Leistung kommt im Zimmer eine Wiederholung der Steh-Übung. Es zeigt sich, dass die Welpen es sich genau gemerkt haben, wie schön das Stehen mit Käse ist. Schon beim Vorbereiten des Stehtisches kommen sie neugierig und pfoteln nach oben. Die Welpen, die sich sicher zeigen, können nun auf dem Stehtisch oder der Truhe, wo immer sie gerade üben, auch das Umdrehen lernen.

Mit dem bekannten Käsestreifen vor dem Näschen und dem Hörzeichen „Umdrehen" wird der Welpe so gelockt, dass er sich vorsichtig in die andere Richtung dreht. Gesichert wird dabei, ohne den Welpen zu berühren. Er darf auf keinen Fall bei diesen ersten Versuchen runterfallen. Man will ja seine Sicherheit und Geschicklichkeit fördern und nicht etwa Höhen- oder Tiefenangst verstärken. Nach jeder 180°-Drehung muss er wieder ausgiebig ruhig stehen. So lernt er unterscheiden, was er tun soll.

Nach diesem recht ausgiebigen Programm des 2. Prägungsspieltages sind die Welpen müde und einige werden schlafen, während andere noch immer Energie haben und Liegespiele machen. Man lässt sie gewähren, solange es die Abschlussbesprechung nicht stört.

Die „Welpenapotheke", die jeder als Kopie erhalten hat, sollte möglichst schon am 2. Prägungsspieltag besprochen werden. Es gibt dem neuen Welpenbesitzer etwas mehr Sicherheit, wenn er für gewisse Fälle Erste-Hilfe-Maßnahmen kennt, und er kommt so viel weniger in Panik, wenn mit dem Welpen wirklich einmal etwas nicht stimmen sollte.

3. Prägungsspieltag

Geländeauswahl; Komm-Spiel; Leinenführigkeit (mit Sitz); Wasserbekanntschaft; Füttern; Apportieren; Steh

Geländeauswahl (Bach und Wiesen oder Waldweg)
Die Gruppe fährt an einen Bach mit verschiedenen Tiefen und seichtem Einstieg, drum herum ein Waldweg oder eine Wiese mit niedrigem Bewuchs für die folgenden Übungen.

Die Welpen dürfen zunächst „an Land" spielen. Jetzt beginnen sie sich schon recht ausdauernd zu jagen, und zwar auch ohne „Beute".

Komm-Spiel
Für die erste Pause ist das Komm-Spiel geplant, heute wieder mit korrektem Abrufen: Der Welpe wird gehalten, sein Besitzer eilt mit dem Leckerle 30–50 m davon, dreht sich um und bleibt mit gegrätschten Beinen aufrecht stehen. Die Silhouette des „Hier" rufenden oder pfeifenden Meisters soll dem Welpen von Anfang an eingeprägt werden. Deswegen empfiehlt es sich, bei Doppelpfiff oder „Hier"-Ruf immer die gleiche Position und Armbewegung einzuhalten. Außerdem muss der Chef immer das automatisierte Vorsitzen des ankommenden Welpen auslösen. Dann folgt die gleiche Lob- und Kraulprozedur wie beim letzten Mal, danach laufen Herr und Hund im freien Spiel zurück.

Aus dem riesigen Sichtzeichen für Kommen wird im Laufe von wenigen Wochen ein (je nach Distanz) immer kleiner werdendes. Bis es schließlich nur noch ein **Hand**zeichen bei herabhängendem Arm ist, also ein kurzes Handtippen an die Hosennaht.

Verwendet der Hundeführer das Handzeichen richtig, wird der Welpe bald lernen, solange der Arm waagerecht draußen ist, gelten etwaige andere Stimmen oder Pfeifen nicht ihm, sondern er

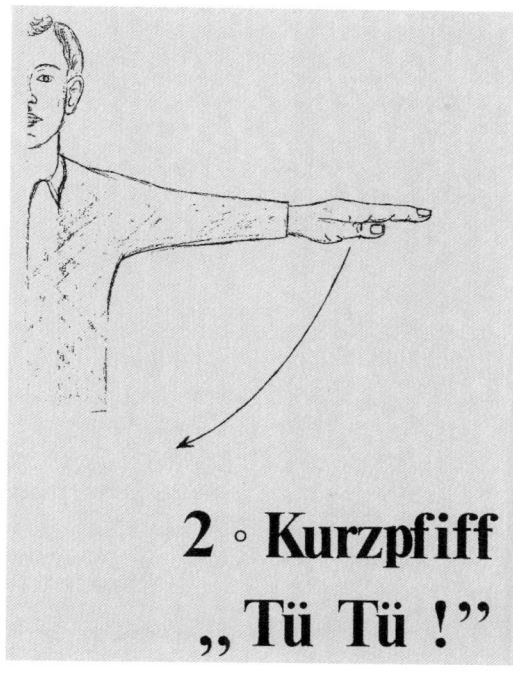

2 ◦ Kurzpfiff
„Tü Tü !"

Das Handzeichen für „Komm"
muss anfangs sehr groß ausgeführt werden und gleichzeitig mit dem Hörzeichen
erfolgen.

wartet (muss warten), bis der Arm neben dem Körper ist und sein
Hörzeichen ertönt.

Hat jedes Team das beliebte Spiel geprobt, können die Welpen
wieder frei laufen.

Nach einer nicht zu langen Spielphase ist für die nächste
Übung am besten ein Weg mit deutlicher Furche oder gerader
seitlicher Begrenzung. Der Spieltrainer fragt nach dem Erfolg des
daheim geübten „Sitz". Nur wer in seinen vier Wänden bzw. im
Garten seinen Hund schon regelgerecht zum „Sitz" gebracht hat,
sollte jetzt im Zusammenhang mit der Leinenführigkeit dies auch
hier versuchen.

Leinenführigkeit mit Sitz
Der Spieltrainer schickt also wieder ein neues erstes Team zum
Vorführen der Leinenführigkeit mit einer Sitzübung auf halber
Strecke von ca. 40 m. Er erklärt wieder, dass der Welpe links

Dieser Welpe hat das Handzeichen und das Wort „Sitz"
verstanden und befolgt.

neben seinem Besitzer sitzen muss und wie das genau durchgeführt wird.

Das Hörzeichen darf nur einmal gegeben werden, das Handzeichen bleibt ja sichtbar. Mit der großen Ablenkung hier draußen
wird der Bewegungsablauf beim Welpen wahrscheinlich ein wenig
zögerlich sein, aber wieder heißt die Devise „Warten"! Sitzt der
Welpe schließlich, muss ihn sein Besitzer angemessen loben, d. h.
nur so intensiv, dass er trotz der Freude sitzen bleibt. Nach 2 Sek.
Wartezeit in „Grundstellung", wie diese Figur im Hundesport
heißt, soll der Hundeführer mit dem Hörzeichen „Fuß" wieder
weitergehen.

Sicherlich muss der Trainer auch heute wieder sehr eindrück-
lich darauf hinweisen, dass „Fuß" ein *angenehmes* Wort ist. Dagegen ist beim etwaigen Voranziehen die Korrektur mit einem scharfen „Nein!" verbunden.

Jeder Erfolg wird mit Spielen belohnt.

Die unterschiedliche Ausführung der gleichen Übung durch die verschiedenen Teams sorgt immer wieder bei allen für Heiterkeit. Diese ist der beste Begleiter für spielerisches Lehren und Lernen.

Wasserbekanntschaft (im Bach waten)

Die Welpen können wieder frei laufen und die ganze Gruppe begibt sich zum Bach. Es ist empfehlenswert für den Hundebesitzer, Gummistiefel dabeizuhaben, oder er geht barfuß mit hochgekrempelten Hosen mit ins Wasser. Beim ersten Mal dürfen alle einmal durcheinander und miteinander im Bach waten, ebenso sind Leckerle als Extrareiz durchaus erlaubt.

Die meisten Welpen sind neugierig genug, um mitzumachen. Ist jedoch ein ängstliches Tier dabei, welches beim „Sichentfernen" des Besitzers ins Wasser jämmerlich zu fiepen anfängt und sich nicht traut, auch nur eine Pfote ins Wasser zu setzen, muss der Besitzer an den Bachrand zurück. Er stellt sich kommentarlos neben seinen Welpen, nimmt keinerlei Einfluss auf ihn, sondern schaut interessiert auf die im Wasser befindlichen Welpen. Jedes Trösten oder Streicheln würde den Welpen nur in seiner Angst bestärken.

Im Welpenverbund wird auch ein Bach erobert.

Für diesen Welpen wäre es am besten, er ginge allein mit seinem Besitzer an ein ähnliches Wasser, um sich schrittweise daran zu gewöhnen. Welpen, genau wie Menschen, empfinden kaltes Wasser unterschiedlich: Dem einen ist es angenehm, dem anderen weniger.

Anfangs muss bei der Wasserbekanntschaft sehr behutsam vorgegangen werden. Der Spieltrainer warnt die Welpenbesitzer vor falschem Ehrgeiz, gerade in diesem Fach. Noch ehe das große Kältezittern beginnt, gehen alle zurück zu den Autos, wo die Welpen abgetrocknet werden und fast alle aufgrund der Anstrengungen kurz darauf einschlafen.

Füttern (mit Topfdeckelschlagen)

Die Unruhe bei der Ankunft am Treffpunkt macht die Welpen aber von ganz allein wieder munter. Sie spielen, während nun die Besitzer eine Ruhepause einlegen.

Jetzt ist wieder Zeit für das gemeinsame Füttern, welches heute durch das Zusammenschlagen von zwei Topfdeckeln als Geräusch-

Arrangiertes Treffen beim Prägungsspieltag: Kind und Welpe.

kulisse begleitet wird. Da das Wasser zuvor ein intensiver neuer Eindruck war, genügt heute *ein* akustischer Reiz während des Fressens. Zurückhaltung ist wichtig, eine Reizüberflutung macht keinen Sinn. Wenn die Welpen satt sind, geht's wieder hinaus zum kurzen Spiel und Lösen, ehe sie wieder ein wenig „steady" sein müssen.

Wundern darf man sich nicht, wenn nach dem Aufenthalt im und am Wasser ab und zu ein Bächlein auch drinnen „geschieht", es sei denn, die Besitzer sind vorgewarnt und passen deswegen besonders gut auf.

Apportieren
Der theoretische Teil ist zunächst die *Erklärung, wie das Apportieren* funktioniert. Eine kleine Vorführung des vorläufigen Endergebnisses mit einem Althund macht das Apportieren für die Welpenbesitzer attraktiv und sie wollen es auch versuchen. Jeder soll es

Der Welpe muss auch
den Umgang mit Senioren
lernen.

probieren, denn ein apportierender Hund kann später auf jedem Spaziergang sinnvoll beschäftigt werden.

Nach meiner Erfahrung gibt es nur wenige Exemplare, die nicht zumindest das Apportel verfolgen und aufnehmen. Das Zurückbringen geht bei manchen Rassen (z. B. Retrievern) fast automatisch, bei den anderen erfordert es mehr oder weniger Geschicklichkeit und Begeisterung des Hundeführers, dieses Spiel regelgerecht zu beenden, also mit Herankommen und Halten des Gegenstandes.

Ein Welpe, der gar kein Interesse zeigt, und zwar auch nicht zu Hause, wenn sein Spieltrieb keineswegs befriedigt ist, den sollte man zunächst damit in Ruhe lassen. Sein Besitzer sollte es jede Woche einmal, sehr zwanglos und spielerisch, wieder versuchen.

Mit dem Umherkugeln des Apportels, für die jeweilige Rasse entsprechend ausgesucht, weckt man nun einen Welpen nach dem andern. Die beiden ersten gehen nach dem Schlafen erst einmal wieder kurz hinaus, manchmal müssen sie vor dem Apportieren noch etwas trinken.

Für den Beginn des Apportierens ist ein langer Flur ideal. Dorthin geht das erste Team mit dem Spieltrainer und einem weiteren Hundebesitzer (zum Zuschauen). Jeder Welpe wird zunächst vom Trainer getestet, dann soll sein Besitzer nach diesem Vorgang einen Versuch mit ihm starten. Das genügt schon für das erste Mal. Die ersten beiden gehen zu den anderen zurück, und das zweite Team kommt an die Reihe (s. Erziehungsanleitung).

Während der Unterhaltung der „Ausgesperrten" kommen Diskussionspunkte und Fragen auf, die dann am Schluss des Nachmittags besprochen werden sollten.

Steh

Vor diesem Abschlussgespräch darf jeder Welpe nochmals auf die Truhe zum Stehen. Während er an seinem Käse lutscht, wird er sorgfältig „untersucht": die Ohren von außen und innen, das Gebiss, wobei man sehr vorsichtig die Lefzen hochzieht. Der Körper, die Beinchen und auch die Pfoten werden abgetastet.

Manche Welpen sind an den Pfoten sehr empfindlich, also lohnt sich dieses kleine Training für spätere Eventualitäten. Bei männlichen Welpen ist es wichtig, dass sie sich ein sanftes Betasten der Hoden gefallen lassen. Ausgewachsene Rüden, bei denen dies niemals geübt wurde, können böse nach hinten schnappen, sollte es dennoch ein Tierarzt oder der Richter bei einer Ausstellung „wagen".

Dieser Prägungsspieltag endet mit spielenden Welpen und fragenden Besitzern sicher auch nicht vor dem Ende der 4. Stunde...

4. Prägungsspieltag

**Geländeauswahl; Leinenführigkeit mit Sitz,
hin und zurück; Wippe; Füttern; Abliegen (erstes Platz);
Apportieren**

Geländeauswahl (mit natürlichen Versteckmöglichkeiten – „Komm ins Versteck")

Heute geht es in ein Gelände mit Hecken, dicken Bäumen, kleinen Hütten oder entsprechend hügelig, so dass nach erstem ausgiebigem Spiel wieder die „Komm-Übung" durchgeführt werden kann. Hierbei erübrigt sich dann das Sichtzeichen des Hundeführers, aber sonst wird der ankommende Welpe empfangen wie früher auch.

Je nach Veranlagung des Welpen verschwindet sein Besitzer in 30–70 m Entfernung in ein Versteck und ruft oder pfeift von dort einmal. Der Spieltrainer muss dafür sorgen, dass der festgehaltene Welpe beim Wegrennen seines Besitzers weder fiept noch bellt, da sonst beide das Komm-Signal nicht rechtzeitig hören. Wenn die Distanz nicht überschätzt wurde (was bei Klein- oder Riesenhunderassen leicht geschieht), ist auch hier der Erfolg wieder vorprogrammiert und der Stolz der Besitzer auf ihren klugen Welpen wächst weiter.

Leinenführigkeit mit Sitz (hin und zurück)

Nach erneutem Spielen sollten nun wirklich alle Welpen ordentlich und freudig neben ihren Hundeführern an der Leine gehen. Ebenso müsste jeder Welpe zweimal Sitz (je einmal auf dem Hin- und Rückweg) ziemlich schnell durchführen. Selbstverständlich werden diese Übungen wieder einzeln angesagt – die anderen üben Steadiness.

Danach spieltrödeln alle wieder zum Treffpunkt zurück.

Die Wippe (der Welpe marschiert auf dem Brett)

Am Treffpunkt wird heute die **Wippe** vorgestellt.

Die **Wippe für Welpen** besteht aus einem 3–4 m langen Zimmermannsbrett, das ca. 30 cm breit ist. Dieses Brett liegt mit der Mitte auf einem ebenfalls ca. 30 cm hohen halbrunden Stamm.

So macht's Spaß: Frauchen steht mit im Bach

Wasser macht „tobsüchtig"

Die ganze Wonne eines Prägungsspieltages

Mal sehen, was heute geboten wird

... für's Dummy wird der Sprung gewagt

... wer genau der Spur nachgeht, kommt rechtzeitig zum Futter

Ein Leckerle als Magnet an die Welpennase – und schon wird auch das Wackeln der Wippe akzeptiert.

Der Spieltrainer demonstriert es mit einem Welpen, den er links neben sich auf das Brett zu führt, dieses runterdrückt und dann die magnetische Wirkung eines Leckerles am Näschen ausnützt: Der Welpe marschiert aufs Brett und darf auch schon das erste Mal genießen. Wichtig ist, dass der Welpe nicht am Hals gezerrt, sondern nur an kurzer Leine gesichert wird. Ein zweites Leckerle lockt den Welpen weiter zur Mitte, wo es nun zu wackeln beginnt – der Moment, wo er das zweite Mal genießen darf. Mit dem dritten Leckerle vor dem Schnäuzchen marschiert er nun bis zum Ende des Brettes, wo er dann wieder eines bekommt.

Beim zweiten Übergang geht das Ganze schon mit nur einem Leckerle bis zum Ende.

Die Welpen, die gerade nicht an der Reihe sind, müssen entweder angeleint warten oder in einem anderen, abgesicherten Bereich spielen. Das Warten ist die bessere Lösung, weil sie vom Zuschauen neugierig werden.

Dieser Hovawart-Welpe hält seine Herrin zärtlich fest – beste Beißhemmung!

Jedes Team hat zwei Durchgänge und jeder Hundeführer wird noch einmal extra angeleitet.

Füttern (mit Gespenst und Mundharmonika)
Beim Füttern verkleidet sich jemand als „Gespenst": ein Plastiksack mit Halsloch von oben, ein Plastiksack bis über die Füße für unten. Dieser wird mit einem Gürtel in der Taille gehalten. Zur Vollendung des Schrecklichen gehört ein ins Gesicht gezogener großer Hut.

Noch während die Welpen festgehalten werden, schlurft das Gespenst herein und geht über die Decke usw. Man muss sicher

Ein schlurfendes Gespenst ist
ein toller Reiz während des
gemeinsamen Fütterns.

sein, dass jeder Welpe das Gespenst erst einmal wahrnimmt, und
dann wird zum Fressen gepfiffen – das Gespenst schlurft so lange
weiter, bis es für alle uninteressant ist. Als akustischer Reiz werden
danach noch laute Misstöne mit einer Mundharmonika erzeugt.

Abliegen (erstes Platz)

Nach kurzem Spiel und Lösen wird im theoretischen Teil das be-
vorstehende „Abliegen" erklärt: eben die Notwendigkeit, dass man
einen Hund ablegen können muss. Schon der Welpe muss lernen,
möglichst sofort hinzuliegen und liegen zu bleiben, bis er durch
ein „Sitz" erlöst wird. Der Trainer muss nachfragen, ob jemand
schon zu Hause das Hörzeichen „Platz" für das Ins-Körbchen-Schi-
cken verwendet, denn dann muss der Welpe für das regelgerechte
Abliegen ein anderes Hörzeichen erhalten. Es lässt sich dabei gut
auf das englische „Down" ausweichen.

Der Spieltrainer führt in dem nun folgenden Praxisteil mit er-
klärenden Worten einmal den Vorgang „Platz" vor, so wie es im
Erziehungsteil beschrieben steht. Wenn das alle Teams – sicherlich
erfolgreich – durchprobiert haben, gibt es als Kopie den darauf
folgenden 3-Tages-Plan, an den sich alle strikt halten sollten.

Apportieren (wiederholen)

Ein Teil der Welpen kann draußen spielen, zwei Teams bleiben da und zeigen, wie in der vergangenen Woche das Apportieren geübt wurde.

Bei den meisten wird es nach der heutigen Korrektur recht gut klappen, sozusagen ein „Aha-Erlebnis". Wenn alle Teilnehmer ein- bis zweimal probiert haben, erfolgt eine kurze gemeinsame Erklärung über die vorgefundenen Fehler. Apportieren ist ein äußerst schwieriges Fach, aber alle werden ab jetzt bestimmt gute Fortschritte aufweisen und auch Spaß daran finden.

Die Welpenbesitzer freuen sich dann auf ihren 5. Prägungsspieltag in etwa einer Woche.

5. Prägungsspieltag

Geländeauswahl; Fährten; Leinenführigkeit mit Links-
kehrtwendung; „Komm"; „Hopp"; Gitterrosttreppe; Füttern;
Theorie (Spielzeug und biologisches Alter);
Abliegen (zweites Platz, erstes Sitz – Bleib, erster Sitzpfiff

Geländeauswahl (niedrige Wiesen, angrenzend Wald oder Hecken, Gräben)

Heute wird vor der Abfahrt ins Gelände die Frage geklärt, wer mit seinem Hund Fährtenarbeit üben möchte. Eine kurze Beschreibung dieser Aufgabe sortiert von vornherein die Interessenten aus. Meist sind es nur zwei bis drei Besitzer mit ihren Hunden, die mitmachen. Die anderen wollen in dieser Zeit aber auch beschäftigt sein, deswegen ist ein zweiter Spieltrainer an einem solchen Tag erforderlich.

Fährten

Das ideale Gelände für das heutige Programm ist eine Wiese mit 5–10 cm hohem Gras und dabei ein Wald oder eine dichte Hecke. Dadurch wird eine gute optische Trennung der beiden Gruppen möglich.

Die zukünftigen Fährtenhunde und ihre Besitzer sondern sich nach der Fahrt ohne weiteres Spielen mit einem Trainer ab und beginnen mit der für alle Beteiligten spannenden Nasenarbeit. Lesen Sie alles Nähere im Erziehungsteil „Fährten" nach. Die praktische Übung dauert heute nicht lange, so dass diese Welpen trotzdem genug zum Spielen kommen.

Leinenführigkeit (mit Linkskehrtwendung)

Die „Kollegen" hinter der Hecke bzw. im Wald haben zwischenzeitlich mit der Leinenführigkeit und dem Erlernen einer korrekten Umdrehung um 180° begonnen. In der ganzen späteren Ausbildung wird häufig diese Kehrtwendung verlangt, die der Welpe und sein Meister deswegen jetzt schon lernen können.

Diese Linkskehrtwendung ist keine Schikane, sondern sie erfordert von dem bei Fuß gehenden Hund eine erhöhte Aufmerksamkeit. Diese kann, um keine Langeweile beim Übungsgehen aufkommen zu lassen, nie schaden!

Wenn ein Spieltrainer einen ausgebildeten Hund dabei hat, darf jeder Teilnehmer die Kehrtwendung mit diesem üben (ehe er an seinem Welpen herumzerrt). So geht es auch ohne viele Erklärungen am besten.

Ist kein Hund dabei, übt jeder Anfänger erst einmal „trocken": entweder mit einer Tasche, die links vom Hundeführer am Boden hängt oder, wie es in der Erziehungsanleitung demonstriert wird, mit einem Stofftier an der Leine. Das ist keineswegs lächerlich, sondern höchstenfalls lustig, lehrreich und vor allem „Welpen schonend!" Danach haben die Hundeführer sicher auch mit ihrem angeleinten Welpen ein Erfolgserlebnis bei der Kehrtwendung.

„Komm" (mit korrekter Silhouette und ins Versteck)

Nach einer Spielpause wird die für alle immer schöne „Komm"-Übung angesagt: zuerst mit korrekter Abrufsilhouette und korrektem Hörzeichen des Meisters. Der Empfang des anrasenden Welpen wird begeistert mit einem Leckerle verschönt, danach rennen beide zur Gruppe zurück.

Das zweite Komm-Spiel ist eine weitere spannende Angelegenheit: Der Welpe wird vom Trainer so fixiert, dass er nicht sehen kann, wohin sein Boss verschwindet. Erst wenn dieser im Versteck ist und gerufen oder gepfiffen hat, darf der Welpe wieder schauen.

Dabei sind die sich ruhig und konzentriert verhaltenden Welpen deutlich im Vorteil: Sie haben per Gehör die Richtung schon vorgeortet und das Hörzeichen dient nur noch der Bestätigung für den eingeschlagenen Weg. Den Rest besorgt die feine Nase. Dem unruhigen oder weniger anhänglichen Welpen muss oft nachgeholfen werden: mit einem zweites Hörzeichen oder indem er sogar auf die richtige Spur gebracht wird und sein Besitzer hervortreten muss. Niemand sollte durch ein solches Verhalten seines Welpen frustriert bleiben, denn durch häufiges Versteckenüben während der Woche lässt sich das bald ausgleichen.

Hopp

Auf dem Rückweg zu den Autos gilt es noch, einen Graben zu überwinden:

Der Spieltrainer hält einen Welpen, dessen Besitzer hüpft über den schmalen Graben und lockt von dort seinen Welpen zu sich. Kurz bevor der Welpe abspringt, heißt es laut und fröhlich „Hopp!". Das Ganze wiederholt jeder für sich zwei- bis dreimal, der Welpe springt frei hinterher, aber das „Hopp" ertönt immer, wenn er abspringt. Diese lustige Übung ist nicht nur Spielerei, sondern der Welpe lernt geprägt, wenn das „Hopp" kommt, muss er springen. Das ist für einen lauffreudigen Hund eine wichtige Hilfe: Er rennt z. B. einen Abhang hinunter, unten ist ein Graben, bei dem er sich das Kinn aufschlagen oder eine Zerrung holen kann, wenn er nichts davon weiß. Passt aber sein Meister auf und ruft rechtzeitig „Hopp!", dann geht alles glatt vorbei. Außerdem wird das „Hopp" später in allen möglichen Hundesportarten verwendet.

Gitterrosttreppe (Begehung)

Sollte beim Treffpunkt keine Treppe aus Gitterrost sein, hält der Konvoi auf dem Rückweg bei einem entsprechend ausgerüsteten Parkhaus oder vor einem gerade menschenleeren Gewerbebetrieb an.

Welpen sollten nach Möglichkeit schon vor der 10. Lebenswoche das Treppensteigen gelernt haben, aber das Auf- und Abgehen auf einer durchsichtigen Gittertreppe ist doch etwas ganz Besonderes. In der Gruppe und mit einem Leckerle vor der Nase,

Gitterrost- und Gittertreppenbegehen lernen Welpen spielend, Hunde oftmals nimmermehr!

aber ohne jeden Zug am Halsband, überwindet fast jeder schon beim ersten Mal seine Angst.

Erwachsene Hunde, die das nicht schon so jung kennen gelernt haben, muss man häufig über solche Hindernisse tragen. Das mag bis zu 20 kg Körpergewicht noch gehen, aber dann?

Dennoch, ein Welpe, der Treppen auf- und absteigen kann, sollte keineswegs den ganzen Tag zu Hause treppauf, treppab rennen. Das kann zu Unfällen und häufig auch zu Gelenkschädigungen führen. Es empfiehlt sich, die Treppen im Haus mit einem Kindersicherungsgitter zu sperren und die Treppen im Garten mit einer Rampe zu versehen.

Füttern (mit Steindose und Betttuch oder Plastikdecke)

Der Ausflug des 5. Prägungsspieltages war etwas länger, deshalb wird jetzt gleich nach der Ankunft am Treffpunkt gemeinsam gefüttert.

Eine mit Steinen gefüllte Kaffeedose rollt erst auf der Fressdecke herum, während des Fütterns wird sie noch kräftig geschüttelt. Stein auf Metall scheint allen Hunden als Geräusch sehr unangenehm zu sein, aber trotzdem lassen sich die Welpen dadurch nur kurzfristig vom Fressen abhalten.

Beim 2. Fütterungsdurchgang werden zwei Personen eine Plastikdecke oder ein Betttuch geräuschvoll über den Welpen auf und ab bewegen. Alles, was so mächtig von oben kommt, ist den kleinen Hunden unheimlich – aber in der Gruppe liegt die Stärke: Sie futtern munter weiter.

Nach der obligatorischen Spiel- und Pinkelpause geht's zurück ins Haus, wo die Welpen während der nun folgenden Theorie etwas schlafen können.

Theorie (Spielzeug und biologisches Alter)

Die je nach Bedarf zwischen oder am Ende der Hausaufgabenübungen eingebaute Theorie befasst sich heute mit dem notwendigen **Spielzeug**.

Darüber wurde bestimmt auch schon ganz am Anfang gesprochen. Ein Welpe braucht vor allem auch einen Kumpan, der ruhig als Stofftier dreimal so groß sein darf wie er selber mit acht Wochen. Dieses weiche Stofftier wird dann von ihm geschüttelt, geleckt, herumgezogen und mit aufs Lager genommen. Neigt der Welpe dazu, ihn in Stücke reißen zu wollen, müssen Sie bloß eingreifen. Wer das erste Stofftier einige Wochen unbeschädigt rettet, hat einen Welpen, der immer schonend mit seinem Spielzeug umgeht.

Ein Hartgummiball, der nicht zerbissen werden kann, eine Kordel aus Sisal, die es in allen Variationen gibt, oder ein alter Socken, der um einen Tennisball geknotet wird, sind immer willkommen.

Aber bitte keinerlei **Quietschtiere** oder anderes quietschendes Spielzeug: Die Beißhemmung, die gerade antrainiert wird, geht mit jedem erlaubten Quietschbiss verloren. Ein gut sozialisierter Welpe und auch der erwachsene Hund werden sofort ihren Biss lockern, wenn der Spielkamerad (ob Hund oder Mensch) quietscht, sprich: jammert. Dieses gute Sozialverhalten wird durch Quietschspielzeug völlig verdorben. Meistens bekommt man aber so etwas geschenkt. Ich nehme es dann dankend an, um sofort den Quietsch auszubauen oder wenigstens das dazugehörige Ventil zu zerstören.

Der Hundebesitzer, der auf Nummer sicher gehen will, sollte gar keine Zerr- und andere Kampfspiele mit seinem Welpen veranstalten. Dabei muss nämlich peinlich genau die hierarchische

Für den einzeln in der Familie lebenden Welpen ist ein riesiges Stofftier unbedingt erforderlich.

Spielordnung beachtet werden, um auch im Spiel, im Wissen des Welpen, immer der Chef zu bleiben. Kein Problem stellt aber ein derartiges Spiel mit Kindern dar. Kinder sind für den Welpen gleichrangig, während der erwachsene Hund sie zwar liebt, aber nicht ernst nimmt. Also entstehen dabei keine neuen Rangordnungsprobleme. Letztere sind aber da vorprogrammiert, wo ein Kind oder Jugendlicher, dessen biologisches Alter unter dem des Vierbeiners ist, versucht, eine ungeliebte Erziehungsmaßnahme beim Hund durchzusetzen.

Das biologische Alter wird in letzter Zeit wie folgt ins Verhältnis gebracht:

Ein 1-jähriger Hund entspricht einem 15-jährigen Menschen, ein 2-jähriger Hund entspricht einem 24-jährigen Menschen, jedes weitere Hundejahr entspricht + 4 Menschenjahren.

Eine Abweichung davon erkennt man bei Riesenrassen (Irish Wolfhound, Dogge u. Ä.):

Ein 1-jähriger „Riese" entspricht einem 12-jährigen Menschen, ein 2-jähriger „Riese" entspricht einem 19-jährigen Menschen jedes weitere Hundejahr jedoch entspricht + 7 Menschenjahren.

Woran erkennt nun ein Welpe oder Hund tatsächlich den Unterschied, ob es ein großes Kind (Jugendlicher) ist oder ein klein gewachsener Erwachsener? Laut Dr. Dorit Feddersen-Petersen, die wohl derzeit bekannteste deutsche kynologische Verhaltensforscherin, ist es die enorme Beobachtungsgabe unserer vierbeinigen Familienmitglieder, die am menschlichen Umgang untereinander feststellen, dieser oder jener ist jünger oder älter als der Hund. Darüber hinaus gibt es die Geruchsdifferenzierung und auch die Beurteilung der Stimme spielt eine Rolle. Wie immer ist es ein komplexer Ablauf, der unserem Hund, unserem Welpen signalisiert, woran er ist.

Es gäbe weit weniger Hund/Mensch-Unfälle, würde im Umgang mit dem Hund das biologische Alter mehr beachtet. Dann würde kein Hund gezwungen, sich gegen die junge Menschengöre, die ernsthaft über ihn bestimmen will, eventuell beißend zur Wehr zu setzen.

Daraus ergibt sich, dass Welpenerziehung grundsätzlich die Aufgabe eines Erwachsenen ist.

Wobei hier außerdem die Betonung auf **einem** Erwachsenen liegt. Gerade der Welpe, der in seiner Lernbegierde so genau beobachtet, tut sich schwer, wenn mehrere Personen auf verschiedene Weise ihm dasselbe beibringen wollen.

Erst wenn ein Vorgang wie „Sitz" oder „Hier" automatisiert immer funktioniert, kann er auch von einem anderen Erwachsenen verlangt werden.

Nach der ausgiebigen Theorie werden den Welpen die Halsbändchen abgenommen und schon beginnen sie, sich gegenseitig spielend zu wecken. Also lässt man ein kurzes Weckspiel zu, bringt die Welpen zum Lösen ins Freie, um danach zügig mit der heutigen Erziehungsanleitung fortzufahren.

Abliegen (2. Schritt)
1. Sitz – bleib, 1. Sitzpfiff:
Das **Abliegen**, kurz „Platz" genannt, wird heute so gezeigt, dass der Meister seinen linken Fuß benützt, um die Leine des Welpen zu fixieren (s. Erziehungsanleitung „2. Platz").

Wer mit Pfeife arbeitet, verwendet diese jetzt auch für den Sitzpfiff. Dies ist die Vorübung für das spätere „Sitz in Entfernung", also ein Stoppen des weglaufenden Hundes. Darüber hinaus lernt jedes Team für die kommende Woche das erste Mal „Sitz – bleib", d. h., der Welpe sitzt auf Pfiff oder Wort, sein Besitzer tritt vor ihn und geht dann jedes Mal etwas weiter weg. (Beide Sitz-Übungen sind in der Erziehungsanleitung genau beschrieben.)

Nachdem alle ihre Hausaufgaben kennen, ist dieser Prägungsspieltag auch schon wieder vorbei.

6. Prägungsspieltag

Geländeauswahl; Leinenführigkeit mit Sitz und Kehrtwendung; Komm-Übung; Schwimmen; Reifen; Füttern; Theorie (Hundehalterhaftpflicht); Abliegen (drittes „Platz", Sitzpfiff – bleib mit Entfernen); Stehübung; spielerisches Auf-den-Rücken-Legen des Welpen

Geländeauswahl (See oder Bach mit flachem Einstieg und tiefem Wasser)
Wenn die Außentemperatur relativ warm ist, sollte heute richtiges Schwimmen praktiziert werden. Dazu fährt die Gruppe an einen nahe gelegenen See oder Bach. Zunächst wird aber nochmals in der Nähe bzw. am Ufer von jedem Team die jetzt hoffentlich problemlose Leinenführigkeit gezeigt.

Leinenführigkeit mit Sitz und Kehrtwendung
Auf dem kurzen Übungsweg wird einmal „Sitz" und einmal „Kehrt" wiederholt. Danach geht es spielend ganz nah ans Wasser. Nach einer kleinen Abkühlung bietet sich am Bach die Abrufübung im seichten Wasser an: Ein Helfer hält wie immer den Wel-

pen, der in Gummistiefeln steckende Besitzer läuft mit einem Leckerle durch das Wasser weit an das andere Ufer.

Komm-Übung
Die Komm-Übung wird ganz korrekt durchgeführt. Bei zögerlichem Verhalten darf aber vom Besitzer und eventuell auch vom Spieltrainer ein wenig flattiert werden, um dem Welpen Mut zu machen. Wenn es die Wasserfreudigeren zuerst vormachen, schauen sich das die Welpen, die das noch nicht so toll finden, aber durchaus ab.

Wenn jeder erfolgreich bei seinem Meister gelandet ist, dürfen alle Welpen einfach ein wenig planschen und dann wird es ernst:

Schwimmen
Der Spieltrainer hat am besten Fischerhosen bis unter die Arme an. Dazu sollte er mit Trockenfisch „bewaffnet" sein. Dieser riecht wirklich so wundervoll, dass kaum jemals ein Welpe widerstehen kann. Ob am See oder im Bach, wichtig ist, dass der Schwimmlehrer einen sicheren Stand hat, denn es wäre katastrophal, würde er ausrutschen und den Welpen unter sich tauchen.

Die ersten Meter im flachen Wasser hat der Besitzer die Aufgabe, dem Welpen den ersten Trockenfisch vor die Nase zu halten und ihn so in Richtung Trainer ins Tiefere zu locken. Hier übernimmt der geschickt agierende Schwimmtrainer das Überlisten. Sobald der Welpe wirklich schwimmt, bekommt er seinen Fisch – mag er damit an Land schwimmen.

Spritzt ein Welpe mit den Vorderbeinchen, so dass er gar nichts sieht, muss der Trainer eine Hand oder seinen ganzen Unterarm zwischen Welpenkopf und Vorderläufe halten. So erkennt der Schwimmneuling, dass es auch so geht, und zwar angenehmer.

Alle Teilnehmer wurden vor dem Schwimmversuch nochmals daran erinnert, dass ein Hund grundsätzlich schwimmen kann, er es aber nicht weiß. Um ihm also sein Können bewusst zu machen, ist diese etwas aufwendige Aktion nötig. Sie kann im übrigen lebensrettend sein:

Fällt ein Hund überraschend in einen Kanal oder Baggersee, wo das Wasser über ihm zusammenschlägt, gerät er in lebensbedrohliche Panik, wenn er vorher nicht schon bewusst geschwommen

Nachdem alle Welpen schon genügend geplanscht haben, geht's ins tiefere Wasser – am besten ist der Helfer in Fischerhosen geschützt.

ist. Wer so etwas erlebt, muss äußerlich ruhig bleiben, den Hund für das Schwimmen **loben** und ihn bis zu einer Ausstiegsmöglichkeit zu dirigieren versuchen.

Die Welpen, die bei diesem ersten Versuch in der Gruppe noch nicht sicher sind, sollten einzeln von ihrem Besitzer während der Woche weiter zum Schwimmen ermutigt werden (s. Erziehungsanleitung). Jeder muss halt in der Nähe seines Wohnorts ein wenig herumsuchen, um eine geeignete Wasserstelle zu finden. Die Mühe wird vom Spaß, den es beiden bereitet, bald belohnt.

Während der Rückkehr zum Treffpunkt werden alle Welpen schlafen, denn das ungewohnte Element Wasser macht schon ein bisschen müde.

Reifen (zum Durchhüpfen)
Zum Treffpunkt zurückgekehrt, beginnt die Übung mit dem Reifen. Durch einen aufgehängten Motorradreifen können die Welpen noch durchkrabbeln, während sie beim zweiten, etwas höher gehängten Versuch bereits durchspringen müssen. Schließ-

lich sind alle hungrig und bekommen für dieses Kunststück wieder kleine Leckerle.

Diese sind aber nur die Vorspeise für das jetzt stattfindende „große Fressen".

Füttern (mit Luftballons und Heulrohr oder Kindertrompete)

Der Spieltrainer hat zwei Luftballons aufgeblasen, auf denen erst per nassem Finger „Musiktöne" hervorgerufen werden. Wenn das die Welpen nicht mehr stört, lässt man die Ballons auf die Meute während des Fressens herabfliegen. Meistens interessiert sich dann einer richtig für diesen Ballon und seine Zähnchen sorgen für einen lauten Knall. Vielleicht platzt auch gleich noch der zweite Ballon. Dieser Knall wird von den Welpen gut verarbeitet, weil sie hellwach sind und in einer positiven Stimmung. Aufpassen muss man jetzt, dass die Gummireste gleich verschwinden, denn diese wären gefährlich im Welpenmagen.

Beim zweiten Fütterungsgang ist es zunächst ruhig, bis der Spieltrainer sein Heulrohr oder eine Kindertrompete holt und damit ein wenig lärmt – alles nur Gewohnheitssache! Das anschließende Spiel dient nur noch dem Lösen, danach ruhen die Welpen während der **Theorie**.

Die Hundehalterhaftpflicht

Sicher wurde die Hundehalterhaftpflicht schon bei der Anmeldung erwähnt, aber nicht jeder war so gewissenhaft und hat sich gleich darum gekümmert. Auch während eines Prägungsspieltages können Welpen Schaden anrichten. Dabei geht es nicht um eine Schuldfrage, sondern Hundehaltung erfordert eine Gefährdungshaftpflicht. Es wäre sinnvoll und wünschenswert, die Hundesteuer würde jeweils um den bezahlten Jahresbeitrag zur Haftpflichtversicherung gekürzt, dann könnte man der kontrollierten Erfassung der Hundebesitzer noch eher zustimmen. So aber zahlt man in manchen Orten einen Riesenbetrag an Hundesteuer und die Hundehalter versuchen dadurch an der leider nicht vorgeschriebenen Hundehalterhaftpflicht zu sparen. Diese Sparsamkeit ist einfach falsch: Je jünger und unerzogener ein Hund ist, umso eher kann er Schaden verursachen. Beispiele kann man in der Tagespresse häufig genug nachlesen. Aber in jeder Lebensphase gilt, der Hund ist ein Tier und von daher noch weniger berechenbar als die Menschen.

Beim nächsten Treffen sollte der Spieltrainer schon im eigenen Interesse noch einmal nachfragen – hoffentlich wird er nicht angeschwindelt.

Aktuelle Fragen beenden den theoretischen Teil und damit die Ruhepause der Welpen. Weiter geht's mit der Erziehungsanleitung.

Abliegen (drittes „Platz")

Die Übung Abliegen ist heute schon fast am Ende, d. h., die Leine wird zwar noch fixiert, aber das Handzeichen erfolgt in Hüfthöhe des Meisters, also wie später beim erwachsenen Hund. Auf keinen Fall darf das Hinliegen jetzt noch gelobt werden. Das Lob kommt erst, wenn der Welpe wieder aufsitzt (s. Erziehungsanleitung).

Sitzpfiff – bleib mit Entfernen

Mit einem Pfiff wird der Welpe danach neben seinen Meister gesetzt und muss nun sitzen bleiben, obwohl sich dieser von ihm entfernt. Auch das ist in der Erziehungsanleitung genau beschrieben.

Stehübung (mit Bürsten)

Die Stehübung wird heute zum Bürsten des Welpen benützt, außerdem soll er sich auf den Tisch umdrehen.

Auf das Apportieren muss heute aus Zeitgründen verzichtet werden.

Spielerisches Auf-den-Rücken-Legen des Welpen (mit Zahnkontrolle)

Angekündigt wird das spielerische Auf-den-Rücken-Drehen des Welpen: Ausnahmsweise setzen sich auch die Besitzer auf den Boden. Jeder bringt seinen Welpen erst einmal in die Liegeposition (*ohne* das Hörzeichen Platz!), danach dreht er ihn kraulend auf den Rücken. Bäuchlein streicheln finden die meisten Welpen angenehm, also lassen sie es sich gefallen. Dabei lässt sich jetzt ganz beiläufig üben, wie die Lefzen hochgezogen werden, damit man das Gebiss kontrollieren kann. Es ist so nett zuzuhören, welche Koseworte dabei benutzt werden. Welpen, die an Prägungsspieltagen teilnehmen dürfen, werden eben in aller Regel sehr geliebt – umso wichtiger ist es, dass die Besitzer lernen, dass eine Erziehung konsequent sein muss.

Das Drehen auf den Rücken sollte nach Möglichkeit ohne Druck geschehen, also ein reiner Vertrauensvorgang. Wenn dies für den Welpen selbstverständlich ist, wäre die Übung auch auf dem Stehtisch empfehlenswert. Häufig muss zum Bürsten auch der Bauch drankommen und auch beim Tierarzt gibt es ab und zu eine Untersuchung der Unterseite des Hundes.

7. Prägungsspieltag

Bus, S-Bahn oder Zug; Leinenführigkeit und Steadiness; Geländeauswahl; Kontrolle der Fährtenteams; Rückfahrt; Füttern; Theorie (hundliches Loben und Korrigieren); Trennen der Hör- und Sichtzeichen für „Sitz" und „Bleib"; Sitz-Übung; Abliegen („Platz – bleib"); Steh-Übungen

Bus, S-Bahn oder Zug
Eine Busfahrt oder eine Zugfahrt zu verkehrsarmen Zeiten ist eine wundervolle Ergänzung für den Erlebnisplan während der Welpenzeit. Mit einem Privatunternehmen lässt sich vorab oft klären, dass die Welpen auf keinen Fall bezahlen müssen, aber falls doch, sollte es einem das wert sein.

Meist befindet sich die Haltestelle nicht direkt beim Treffpunkt, so dass wie immer möglichst viele Personen und Welpen in wenigen Autos untergebracht werden und zur Haltestelle mit Parkplatz fahren.

Leinenführigkeit und Steadiness (neben Verkehrslärm)
Dort ist die Gruppe so früh, dass man in der ungewohnten Umgebung mit Autoverkehr oder Menschen und Zügen versucht, die Welpen (jeweils einzeln) zur ordentlichen Leinenführigkeit zu bewegen. Das erfordert natürlich schon viel mehr Geschick vom Hundeführer als in der Ruhe einer Wiesenlandschaft.

Busfahren ist in der Welpen-
gemeinschaft überhaupt kein
Problem.

Am Warteplatz wird, je nach Sauberkeit, ruhiges Warten (Steadiness) in Sitz- oder Platz-Position angesetzt. Diese Zeit wird dazu benützt, den Ablauf für das Unternehmen genau zu erklären. Hoffentlich sind heute auch wieder zwei Spieltrainer dabei.

Zum ersten Einsteigen in den Bus/Zug dürfen die Welpen hineingetragen werden, dort nimmt jeder seinen Welpen auf der Hinfahrt auf den Schoß, so dass der kleine Kerl auch etwas sieht und sich sicher fühlt. Zum Ausstieg nimmt man sich jetzt nach Absprache mit dem Schaffner mehr Zeit und jeder Besitzer benutzt ein Leckerle als „Magnet". Selbstverständlich sind die Welpen die ganze Zeit angeleint und müssen jetzt eigentlich nur mit ihrem Chef an der Seite aus dem Bus oder Zug aussteigen, nicht springen!

Mit zwölf Wochen muss die Leinenführigkeit so aussehen, dann kann sie nur noch mit Gewalt verdorben werden.

Geländeauswahl (je nach Umgebung der Haltestelle)

Die nächste ungefährliche Grünfläche für den nun nötigen Freilauf ist hoffentlich ganz in der Nähe, so dass im Moment keine längere Leinenführigkeit vom Trainer angesagt werden muss.

Kontrolle der Fährtenteams

Nach kurzem Auflockern durch Spielen trennen sich die zukünftigen Fährtenhunde von der Gruppe und ihre Arbeit wird nach dem Schema Fährten (in der Erziehungsanleitung) überprüft und die Empfehlung für das entsprechende Weitermachen gegeben.

Die Wartezeit bis zur Rückfahrt müsste zwischen einer halben und einer ganzen Stunde liegen. Alle Welpen sollten sich im Gelände genügend austoben können, ehe nun auch der Einstieg in den Bus/Zug selbstständig an der Leine durchgeführt wird.

Rückfahrt

Jeder Welpenbesitzer sucht sich nun einen Platz, an dem er seinen Welpen auf dem Boden so plazieren kann, dass auf keinen Fall irgendjemand auf ihn treten oder auf ihn fallen würde. Die Spieltrainer müssen da meistens noch ein wenig vorausdenkende Hilfestellung geben, damit wirklich nichts passiert. Obwohl die Welpen auf dem harten Boden (eventuell von einem mitgebrachten Handtuch abgedeckt) liegen, schlafen sie meistens ein. Da sie von der gesicherten Hinfahrt wissen, dass hier nichts Besonderes passiert, ertragen sie das alles ganz gelassen. Der später erwachsene Hund wird kaum jemals Schwierigkeiten bei Bus- oder Zugfahrten machen!

Wieder am Treffpunkt angekommen, zeigen die Welpen das unbedingte Bedürfnis, ihre vorübergehende Ruhigstellung wieder spielend abzubauen, dem sollte nachgegeben werden.

Füttern (ohne Schreckreiz)

Dann wird es wieder Zeit für das gemeinsame Füttern. Dies sollte heute in aller Ruhe, also ohne jegliches Erschrecken, ablaufen. Die Busfahrt hat genügend Fremdreize geboten und eine Reizüberflutung muss vermieden werden.

Theorie (hundliches Loben und Korrigieren)

Der Spieltrainer wiederholt hier nur konzentriert, was in der Vergangenheit vereinzelt schon angesprochen werden musste, nämlich für den Welpen *verständliches Loben* und *Korrigieren*.

Wenn Hunde sich gegenseitig wohl wollen, hauen sie sich nicht gegenseitig auf die Schulter oder auf die Rippen oder vor den Brustkorb oder gar auf den Kopf! Nein, sie hauen und klopfen gar nicht: Genauso sollten wir Menschen uns anstandshalber unseren Hunden gegenüber auch verhalten.

1. Klopfen des Hundes, als wäre er ein alter, staubiger Teppich, ist ihm grundsätzlich unverständlich. Nur weil er sehr klug ist, kapiert er im Laufe der Zeit, dass diese Behandlung wohlwollend und lobend gemeint ist. Dieses traditionelle Verhalten, sogar von Fachleuten wie Tierärzten begeistert ausgeführt, sollten Sie sich gar nicht an- oder notfalls wieder abgewöhnen.
2. Streicheln, massieren, kraulen mit der Hand, als würde ein freundliches Hundemäulchen knibbeln, das ist es, was der Welpe ohne Umwege versteht und genießt. Bevorzugt sind am Kopf (immer von unten seitlich beginnen!) das Ohr und seine Umgebung und auch der Nasenrücken.

Die Halspartie und auch die Vorderläufe werden unter Hunden gerne liebevoll angeknabbert, also konzentriert sich auch Ihre lobende Massage auf diese Bereiche.

Dass das Über-den-Rücken-Streicheln angenehm ist, lernt der Hund von uns Menschen, da wir das so gerne tun, aber in Hundekreisen ist so etwas nicht üblich.

Zum Loben gehört die richtige Stimme, keineswegs zwangsläufig das richtige Wort. Gehen Sie aus sich heraus, erzählen Sie Ihrem Hund freudig erregt mit angehobener Stimme, was er für ein tolles Kerlchen ist. Endlich dürfen Sie beim Loben sagen, was Ihnen auf die Zunge kommt. Dann tun Sie es auch ausgiebig, denn beim „Unterricht" fällt es Ihnen doch immer so schwer, sich nur auf das Wesentliche zu beschränken.

Ein Leckerle für eine besondere Leistung oder für das schnelle Herankommen und Vorsitzen ist natürlich immer ein willkommenes Lob.

Nach konzentrierter Arbeit von 1 bis 2 Minuten ist unter Umständen das Spielen mit dem Welpen das höchste Lob. Sie müssen nun individuell herausfinden, welches Lob bei welcher Gelegenheit das beste ist.

Bis hierher ist alles leicht zu lernen, schwieriger wird es mit der *verständlichen Korrektur.* Korrektur wird leider meistens als Strafe oder Strafreiz benannt. Beides ist falsch, denn Strafen kann ich nur jemanden, der einsichtig ist. Der Vorgang beim Hund ist anders, er lernt durch Verknüpfen, z.B.: „Wenn ich auf das Bett springe, tut mir das nicht gut." Die Korrekturformel heißt: Einen unerwünschten Vorgang unangenehm darstellen, den erwünschten Vorgang sehr angenehm anzeigen.

Zunächst müssen Sie herausfinden, wie empfindsam sowohl psychisch wie auch physisch Ihr Welpe ist. Das bedeutet, Sie sollen nicht „mit Kanonen auf Spatzen schießen". Wenn Sie dann aber wissen, wodurch sich Ihr Welpe beeindrucken lässt, wird in dieser notwendigen Art und Weise **konsequent** eingegriffen. Wichtig ist, und das gilt für das ganze Hundeleben, der Rudelchef bleibt äußerlich immer gelassen, aber er korrigiert und greift konsequent ein.

Sie haben verschiedene wirksame Möglichkeiten:

1. „Nein!" mit fester, u. U. auch lauter Stimme leitet eine Korrektur ein oder genügt schon als solche, je nachdem wie sensibel Ihr Welpe ist bzw. wie wichtig ihm sein Vorhaben ist.
2. Sie packen den Welpen am Nackenfell und heben ihn hoch, so dass nur noch die Hinterpfoten am Boden sind.
3. Sie packen den Welpen am Nackenfell und schubsen bis schleudern ihn flach über den Boden.
4. Sie packen den Welpen am Nackenfell und drehen ihn auf den Rücken. Da halten Sie ihn so lange, bis er ihrem „bösen" Blick ausweicht und die Rute auf den Bauch legt (= komplette Unterwerfung). Damit sollten Sie allerdings **sehr** sparsam umgehen und nur bei regelrechten Dominanzschwierigkeiten so reagieren. Z. B.: Ihr Welpe hat nach Ihnen geschnappt oder er reitet bei Ihnen oder einem anderen Familienmitglied auf.
5. Sie simulieren das Über-die-Schnauze-Beißen, indem Sie Ihre Hand fest von oben über den Fang legen und zudrücken. Das ist die richtige Korrektur, wenn Ihr Welpe zu grob mit Ihrer Haut umgeht, wenn er etwas im Fang hat, das, weil es für ihn gefährlich sein kann, schnell heraus muss und auch, um ihm zu zeigen, dass man sein „Quietschen" oder „Bellen" aus Langeweile nicht duldet.
6. Den älteren, schwereren Hund kann man nicht mehr so leicht über das Nackenfell manövrieren. Hier nehmen Sie beide Hände, packen beide Ohren und Backen und ziehen den Hund so zu sich hoch, dass sie ihn anstarren und laut „Nein" sagen können.

Bei der Korrektur unerwünschten Verhaltens sollten Sie keine Romane erzählen, bleiben Sie bei einem Wort. Sagen Sie „Nein" in allen Variationen. Sie würden vielleicht lieber „Aus" sagen, aber dies ist grundsätzlich das Wort, das wir beim Apportieren verwenden und keine angstauslösende Bedeutung erhalten sollte. Versuchen Sie, sich auf „Nein" zu konzentrieren und Sie werden auf kürzestem Weg erfolgreich sein.

Nackenfellschütteln ist keine Korrektur, sondern, unter Hunden betrachtet, eine reine Spielerei. Beobachten Sie Hunde, die miteinander um die Wette laufen, da nimmt immer einer den anderen spielerisch am Nacken – höchstes Vergnügen! Das ist angewölftes, also angeborenes Verhalten. Wenn Sie nun, wie wiederum traditionell oft gemacht, mit der Hand den Hund am Nackenfell schütteln und mit der Stimme „schimpfen", kommt der Hund so durcheinander, dass es aus seinem Missverständnis heraus durchaus zu einer Gegenreaktion seinerseits kommen kann. „Am Nackenfell packen" und „das Nackenfell schütteln" sind also zwei ganz verschiedene Vorgänge. Bitte achten Sie peinlich genau darauf.

Muss Ihr Welpe etwas aktiv lernen, ist die Korrektur so mild wie möglich. Sie dürfen die positive Stimmung, die für das Lernen nötig ist, nicht zu sehr stören.

Muss Ihr Welpe jedoch grundsätzlich etwas unterlassen, z. B. das Herumbeißen auf einem Elektrokabel, sollten Sie gleich beim ersten Mal so energisch eingreifen, dass er es nie mehr versucht. Aber denken Sie daran: Stellen Sie sich auf die Empfindlichkeit Ihres Welpen ein. Welpen sind da sehr verschieden, auch wenn sie von der gleichen Rasse und den gleichen Eltern sind.

Waren Sie für Ihr Tier zu hart, ist es zwecklos, sich bei ihm zu entschuldigen. Das müssen nun *Sie* aushalten, abzuwarten, bis sich Ihr Welpe von diesem Schreck erholt hat. Beobachten Sie ihn nur aus den Augenwinkeln, aber beschäftigen Sie sich keineswegs mit ihm, um, wie Sie meinen könnten, „gut Wetter" zu machen. Das verwirrt ihn nämlich nur noch mehr. Er erholt sich schon wieder, und **er** muss zur Tagesordnung übergehen, **nicht der Chef**! Diese Gelassenheit bei und nach einer Korrektur ist das Erfolgsgeheimnis jedes erfolgreichen Hundetrainers. Und noch eines: Sie müssen in der gleichen Zehntelsekunde, in der der Welpe unerwünschtes Verhalten zeigt, mit der Korrektur ansetzen. Jede Verzögerung führt zum Nichtverstehen bei Ihrem Welpen. Die fehlende Schnelligkeit der meisten Menschen gegenüber dem Hund macht die Erziehung oft so zäh. Konsequenz, Reaktionsschnelligkeit und Gelassenheit im richtigen Moment küren Sie zum perfekten Rudelchef.

Nach so viel Theorie werden die Welpen unruhig und dürfen eine kleine Runde weckspielen, dann geht's mit der Erziehungsanleitung weiter.

Trennen der Hör- und Sichtzeichen für „Sitz" und „Bleib"

Die Übungen in der Wohnung beginnen am besten mit der neuen Situation, dass jetzt die Drei- bzw. Zweisprachigkeit wirklich eingesetzt wird.

Sitz-Übung

Für die einfache Sitz-Übung versucht der Hundebesitzer beim ersten Mal **nur das Hörzeichen**, also Pfeife oder Stimme, zu verwenden. Beim zweiten Versuch gilt es, **nur das Handzeichen** zu geben. Das sind jetzt nur Versuche zum Einüben, zu Hause muss ein ganzer Tag lang bei jeder Sitz-Übung (5- bis 8-mal) nur mit dem Hörzeichen gearbeitet werden. Wenn das wirklich klappt, wird am nächsten Tag nur per Handzeichen geübt, so lange, bis auch das sicher ist. Danach kann man jeweils im Wechsel oder auch mal wieder kombiniert das Sitz-„Kommando" durchsetzen.

Abliegen („Platz – bleib")

In der heutigen Gruppe wird aber auch das Abliegen weiter geübt: Während der Spieltrainer heimlich von oben hinten den Welpen sichert, entfernt sich sein Besitzer langsam. Wichtig ist, dass das Aufstehen unterbunden wird. Genaueres dazu steht in der Erziehungsanleitung.

Stehen (an der Leine und auf dem Tisch)

Eine weitere neue Aufgabe ist das Stehen an der Leine. Dazu geht der Welpe „bei Fuß", der Meister hält an, die Leine wird waagerecht vom Halsband weg fixiert (ganz kurz), die linke Hand krault den Welpen von außen (links) in der Hüftbeuge, während das bekannte freundliche „Steh" gesagt wird. Hat das gut geklappt, darf er wie früher mit einem Stückchen Käse auf den Stehtisch. Dieser wurde heute oder auch schon bei den vergangenen Treffen mit einer Alumatte belegt, so dass er optisch aussieht wie der Tisch beim Tierarzt. Das erleichtert dort vieles, weil alles, was der Welpe aus vertrauter Umgebung gewöhnt ist, ihm zusätzliche Aufregung erspart.

Die Welpen sind jetzt wieder spielfreudig und sollten ihren Prägungsspieltag auch entsprechend nutzen dürfen. Dazu gehört auch das Toben zum Schluss.

8. Prägungsspieltag

Geländeauswahl (Wald); Leinenführigkeit (mit 3 × Sitz – nur mit Hörzeichen); Sitz (auf Entfernung und stoppen); Komm-Spiel; Füttern; Abliegen; Apportieren; Stellen und Legen (des Welpen auf dem Tisch); Theorie (Dominanz)

Geländeauswahl (Waldspaziergang zu einem Parkplatz mit unterschiedlicher Bodenstruktur)
Bisher wurde die Leinenführigkeit im Haus (Teppichboden, Steinboden u. Ä.) oder auf der Wiese, einem Feld- oder Waldweg geübt. Es wird jetzt Zeit, den Welpen noch mehr verschiedene Bodenbeschaffenheiten zu bieten, auf denen sie trotzdem anständig mitgehen müssen. Dazu fährt die Gruppe in die Nähe eines Parkplatzes, der abwechslungsreich gestaltet ist. Wichtig ist ein Sandboden, einer mit Kieselsteinen, reiner Asphalt und womöglich einer Wiesenumgebung. Die Welpen sollen wie immer durch Feld oder Wald spielend hintrödeln, damit die vor den Einzelübungen notwendige Steadiness überhaupt durchzusetzen ist.

Leinenführigkeit (mit vier Pfosten mit 3 × Sitz – nur mit Hörzeichen)
Sicher sind wieder vier Begleitpersonen dabei. Diese werden nun als „Pfosten" hingestellt, so dass ein Rechteck entsteht, bei dessen Umgehung alle Bodenstrukturen gründlich betreten werden.

Beim Trödeln durch den Wald müssen auch mal Hindernisse überwunden werden.

Die Aufgabe lautet: Der Welpe geht trotz allem schön bei Fuß, auch um die Ecken. Auf dem Weg zwischen Start und Ende macht er 3 × Sitz nur mit Hörzeichen.

Diese Übung dauert etwas länger, deswegen dürfen die Welpen wieder spielen, sobald alle damit durch sind.

1 × Sitz (auf Entfernung und stoppen)

Das Sitz nur mit Hörzeichen (bevorzugt die Pfeife) ist als Vorübung für das erste **Sitzen auf Entfernung** eingeübt worden. Das Stoppen in Entfernung wird beim Welpen sinnvollerweise über Sitz gelehrt, weil er das viel freudiger und zuverlässiger macht als das Abliegen. Nach der Pause wird der Spieltrainer also eine ca. 3 m lange Schnur aus der Tasche holen und sie statt der Leine beim ersten Welpen am Halsband befestigen. Wie diese wichtige Übung dann weitergeht, lesen Sie bitte im Erziehungsteil nach.

Wenn es das Wetter zulässt, kann heute nach einer weiteren Spielpause noch eine zeitaufwendige Übung durchgeführt werden, wobei natürlich bei zwei Spieltrainern und genügend Raum das Folgende auch zeitgleich geschehen kann.

2 × Komm-Spiel (1 × blind ins Versteck)

Ein Durchgang ist das *Komm-Spiel* mit klassischer Besitzersilhouette. Dies muss man immer wieder überprüfen, denn das automatische Herankommen des Welpen muss gleichmäßig wiederholt werden. Spannend wird das Komm-Spiel, wenn der Welpe von einem Helfer außerhalb der Gruppe (blind) gehalten wird und der Besitzer ein- bis zweimal die beiden umkreist und dann in eine beliebige Richtung wegläuft, um sich in nicht allzu großer Entfernung zu verstecken. Sein Hörzeichen ertönt, und jetzt darf der Welpe wieder alle seine Sinne einsetzen, um seinen Meister mit dem Leckerle zu finden. Man muss ihn in Ruhe suchen lassen und nicht zu früh helfend eingreifen. Dieses Suchspiel muss vom Trainer gut erklärt und geleitet werden. Es ist äußerst unterhaltsam zuzuschauen, wie unterschiedlich die Welpen suchen.

Füttern (mit Dosensack und Föhn)

Nach dem langen Ausflug haben die Welpen bestimmt Hunger und werden deshalb am Treffpunkt zuerst versorgt. Als Schreckreiz dient heute ein großer **Sack**, der, **mit leeren Dosen** gefüllt, keine angenehme Erscheinung ist. Er kommt behutsam von außen auf den Kreis der fressenden Welpen zu, bis er inmitten der Hunde platziert liegen bleibt. Ein **Föhn** (auf Kaltgebläse gestellt), irritiert mit seinem hoffentlich hohen Ton und dem Wind, der entsteht, die Welpen wahrscheinlich auch nur kurzfristig. Man erkennt, dass die Welpen von Mal zu Mal stabiler werden, das ist eben der Sinn dieser Schreckaktionen.

Wieder dürfen die Welpen ein bisschen nach draußen, um sich zu lösen, danach ist drinnen Steadiness an der Reihe.

Theorie: Dominanz

Dominanz ist wichtig und ein wenig kompliziert zu erläutern. Das heißt, es wird besser sein, die Welpen schlafen erst ein wenig, damit ihre Besitzer mitdenken und durchaus auch mitschreiben können.

Dominant veranlagte Hunde erkennt man im Spiel mit anderen Gleichaltrigen und auch in der Beharrlichkeit, mit der sie auf etwas „bestehen", obwohl es ihnen gerade verleidet worden ist. Aus einem dominant veranlagten Welpen mit einem inkonsequenten Besitzer wird ein katastrophaler Hund. Eine solch ungünstige Konstellation muss vom Spieltrainer rechtzeitig erkannt werden, so dass er den Meister darauf aufmerksam machen und entsprechend anleiten kann.

Eindeutig erkennbar ist ein dominanter Welpe daran, dass er (oder sie!) immer bei anderen aufreitet, d. h., er umklammert beim Aufsitzen seinen Kumpel mit den Vorderbeinen und „pumpt" mit dem Becken. Es ist durchaus ein sinnvolles Einüben für einen späteren Deckakt, jedoch darf dieses nicht zu häufig praktiziert werden, weil es sich sonst schlicht zur Untugend und gesteigerten Dominanz entwickelt. Auf keinen Fall jedoch darf dieses Klammern und Pumpen bei einem Menschen geduldet werden. Dieses wurde schon bei der Besprechung der Korrekturmaßnahmen erwähnt.

Ein Welpe, der mit eindeutigem Griff und „Nein" vom Sofa befördert wurde und gleich anschließend noch zweimal probiert hinaufzuspringen, würde sich zum Ungeheuer entwickeln, würde man das spaßig finden.

Ein Welpe, der knurrt oder gar nach der Hand seines Meisters schnappt, wenn dieser ihm etwas aus dem Fang nehmen will, versucht eindeutig, die Oberhand zu gewinnen.

Solche Situationen werden also beschrieben und der Rat erteilt, einer möglichen Dominanz des Welpen vorzubeugen, indem die Menschen, die zu seiner Meute gehören, ein paar wichtige Kleinigkeiten beachten:

Liegt die *Fütterungszeit des Welpen* in unmittelbarer Nähe der Familienmahlzeit, muss der Welpe warten! Er kann eine Beschäftigung bekommen, um ihn vom Betteln abzuhalten, aber gefüttert wird er erst **nach** dem Essen seiner Menschen.

Bei kleineren Hunderassen oder großen Sitzmöbeln hat der Besitzer oft den Wunsch, seinen Hund neben sich zu haben, er möchte sich einfach zum Streicheln nicht dauernd zum Boden bücken. Verständlich. Das lässt sich auch ohne Dominanzfolgen durchführen:

Der Chef legt immer eine Decke für seinen Hund auf das Möbelstück, ohne diese Decke wird das Hinaufspringen verboten. Außerdem darf der Welpe erst auf die Decke, wenn sein Besitzer schon Platz genommen hat. Das heißt, der Welpe, später der Hund, darf die erhöhte Position nicht selbstständig und ohne Aufforderung einnehmen. Je höher der *Ruheplatz* eines Hundes ist, umso höher glaubt er sich in der Rangfolge. Bei bereits bestehenden Dominanzproblemen darf es dem Hund unter keinen Umständen erlaubt werden, irgendwo oben zu liegen!

Die meisten gesunden Welpen haben einen großen **Spieltrieb**, der sich darin äußert, dass sie ihren Meister in irgendeiner Form auffordern, mit ihnen zu spielen. Z. B.: Der Welpe bringt seinen Ball und wirft ihn vor die Füße, wird das nicht beachtet, bellt er sogar noch. Wehe, wenn Sie jetzt darauf eingehen, Sie ziehen sich einen Tyrannen heran. Es ist schwer, dem Wunsch des Welpen zu widerstehen, aber tun Sie es für ein bis zwei Minuten, einfach so lange, bis er das Quengeln aufgegeben hat. Dann jedoch beginnen Sie mit dem Spiel oder auch einem anderen Spiel. Noch bevor der Welpe die Lust verliert, müssen Sie auch wieder aufhören. Wichtig ist also, *Spielbeginn und Spielende* bestimmt der Meister, und zwar immer.

Ein weiteres, wichtiges und oft nicht erkanntes Zeichen für dominantes Verhalten ist das Scharren nach dem Urinieren und Koten. Findet dieses Scharren (Duftverbreitung mit allen vier Pfoten) sogar in unmittelbarer Nähe des Chefs statt, muss dieser blitzschnell und unmissverständlich korrigieren – ein für alle Mal!

Während und nach den obigen Ausführungen wird es viele Fragen und Diskussionen geben. Der Spieltrainer muss imstande sein, jede erfragte Situation verständlich zu erklären. Die Welpenbesitzer müssen zu Hause in der Lage sein, die Theorie in die Praxis umzusetzen. Schließlich will man einen innerartlich und zwischenartlich sozialen Hund daheim haben.

Die Welpen sind jetzt ausgeruht und spielen eine Runde – bis es mit der Erziehungsanleitung weitergeht.

Abliegen

Das **Abliegen** wird ausgedehnt, der Besitzer geht so weit von seinem Welpen weg, wie es dieser aushält. Der Trainer steht heimlich hinter dem Welpen und hat eine Hand dicht über seiner Schulter, so dass auf jeden Fall ein Hochkommen unterbunden werden kann. Der Welpe muss frühzeitig die Erfahrung machen, dass ihm beim Liegenbleiben nichts passiert (höchstens beim unerwünschten Hochkommen gibt es ein bisschen Druck auf die Schultern) und dass sein Meister immer wiederkommt. Das ist ein reiner Erfahrungswert und muss demzufolge auch zu Hause oft geübt werden.

Apportieren

Die Welpen, die schon bei einem der vorhergegangenen Treffen apportiert haben, werden heute wieder kontrolliert, und es wird den Besitzern gezeigt, wie sie (laut Erziehungsanleitung) weitermachen sollen.

Stellen und Legen (des Welpen auf dem Tisch)

Das **Stehen** auf dem Pflegetisch oder der Truhe wird heute ergänzt durch das **spielerische Auf-den-Rücken-Drehen**, eben **auf dem Tisch**. Der Welpe wird außerdem auf die Seite gelegt und so fixiert (alles mit Käse vor dem Näschen...): Diese Positionen sind wichtig für langhaarige Hunde, um sie überall durchzukämmen, aber auch für die anderen Hunde, und zwar für alle möglichen Untersuchungen. Es spielt keine Rolle, ob der Besitzer daheim eine Zeckenkontrolle durchführt oder ob beim Tierarzt das Bäuchlein angeschaut werden muss. Ein Hund, der das kennt, bleibt auch im Ernstfall gelassen und ruhig und schon hat man wieder ein Problem weniger.

Nach der Käseübung sind die Welpen meist recht munter und dürfen wieder einmal ein Spielchen machen. Zumindest solange sie nicht zu grob sind und unterbrochen werden müssen (sie überdrehen nach einem langen Tag ganz genau wie Menschenkinder), kann man sie gewähren lassen.

Bunt gemischte Welpengruppe – vom „Westie" bis zum Pyrenäenberghund – und alle zwischen acht und sechzehn Wochen alt.

Zwei Prägungsspieltage am Modell „Bunt gemischte Welpenschar"

Bis hierher sind der Anschaulichkeit wegen Prägungsspieltage vorgestellt worden, die für alle Welpen ein nach Möglichkeit gleichmäßiges Programm aufzeigen. Das ist aber nur durchführbar, wenn die Welpen gleichaltrig und auch möglichst von der gleichen Rasse sind.

Der Regelfall ist ein eher buntes Bild: Border Collie acht, Pyrenäenberghund neun, Deerhound zehn, Westhighland White Terrier zehn, Riesenschnauzer zwölf, Labrador Retriever und Welsh Corgie Pembroke 14, Münsterländer 15 Wochen alt.

Dazu kommt ein unterschiedlicher Erziehungsstand, weil vielleicht der Labrador erst mit elf Wochen teilgenommen hat, während der Corgie schon mit acht Wochen das erste Mal dabei war.

Für den Spieltrainer bedeutet dies: **Buchführung!** Für jedes Treffen muss für jeden Welpen ein individuelles Erziehungsprogramm festgelegt werden, außerdem müssen die besonderen Merkmale aufgeschrieben sein, z. B.: schreckhaft bei . . ., schnappig sowie eine schlechte Aufzucht bis zur Abgabe an den neuen Be-

Fahrgemeinschaft zum Trödelspaziergang.

sitzer. Aufgrund der Aufzeichnungen müsste ein versierter Spieltrainer jederzeit den überraschend ausgefallenen Gruppenleiter ersetzen können.

Prägungsspieltage dürfen nicht einfach ausfallen, denn das Ausnützen der prägungsähnlichen Sozialisierungsphase geht eben nur während dieser einmaligen Welpenzeit, die nur allzu schnell vorbei ist.

In einem Junghunderziehungskurs lässt sich das Verschieben eines Trainingstermins ohne Probleme verantworten, es kommt hier auf ein paar Wochen nicht mehr an, aber nicht bei Prägungsspieltagen.

1. Prägungsspieltag (bunt gemischte Welpenschar)

Geländeauswahl; Video von Leinenführigkeit mit Sitz und Kehrtwendung, Sitz in Entfernung, Komm-Spiel; Füttern; Video von Sitz und Bleib sowie erste Platz-Übung; langes Down; Theorie (Verhalten bei Gewittern und an Silvester. Keine Hör- oder Sichtzeichen beim nicht angeleinten Welpen.)

Geländeauswahl (weitläufiges Gelände mit niedrigem Bewuchs)

Das Gelände richtet sich immer nach den Aufgaben, die draußen durchgeführt werden sollen. Für die geplante Videoaufzeichnung empfiehlt sich Helligkeit und viel Platz bei niedrigem Gras, damit alles bestens gesehen wird. Manche Welpenbesitzer werden die ständigen Korrekturen des Spieltrainers erst richtig akzeptieren, wenn sie es im Film gesehen haben. Die Videovorführung ist eine pädagogisch sehr wertvolle Abwechslung bei den Prägungsspieltagen, sie sollte immer wieder einmal eingebaut werden. Allerdings braucht man bei den Begleitpersonen einen Filmemacher, der weiß, worauf es ankommt. Der Spieltrainer muss sich auf die aktuelle Aufgabe konzentrieren können, es ist nicht günstig, wenn er selber filmt.

Video von Leinenführigkeit mit Sitz und Kehrtwendung. Sitz in Entfernung (stoppen), Komm-Spiel

Leider wird, trotz allem, auch bei den älteren Welpen die *Leinenführigkeit* zu wünschen übrig lassen, also wird diese bei allen, die mindestens schon das zweite Mal dabei sind, gefilmt. Der Spieltrainer sollte nur im „Notfall" während der Aufnahme korrigieren, er hat dazu während der Vorführung genügend Gelegenheit.

Welpen, die das *Sitz* und die *Kehrtwendung* schon draußen können, zeigen auch dies im Video.

Danach gibt es eine Spieleinlage, aber die zwei fortgeschrittenen Welpen gehen vorher noch ein wenig abseits, weil sie das „*Sitz in Entfernung*", also das *Stoppen*, heute schon in der richtigen Reihenfolge, nämlich von hinten gerufen oder gepfiffen, lernen sollen. Die Anleitung dazu findet sich im Erziehungsteil.

Begrüßungsspiel

Immer gibt es etwas zu beobachten und zu besprechen

Mancher hat es so eilig zum Spielen, dass sogar noch das Halsband dran ist

Auch Pausen müssen sein

Fangen spielen durch den Tunnel

Raufspiele

Vergnügen pur

Kontaktliegen ohne Rassenvorurteile

Alle machen das *Komm-Spiel*, der Besitzer ist lediglich mehr oder weniger weit entfernt von seinem Welpen. Weiß der Spieltrainer um einen eingefahrenen Fehler bei einem Hundeführer, sollte er diesen filmen lassen. Vielleicht platzt beim Zuschauen der Knoten!

Die jungen Riesenhunde müssen auf dem Rückweg teilweise getragen werden. Sie können und dürfen noch nicht so lange auf den Beinen sein, während die älteren Jagdhunde sich unbedingt schon auslaufen können müssen – beim Spielen. Dasselbe gilt für die niedrig läufigen Welpen, aber für diese darf der Bewuchs eben nicht zu hoch sein, damit das Galoppieren nicht zum Hochsprung wird. Auch die kleinen Rassen können gelenkmäßig überfordert werden!

Füttern (mit Gong und drei Kartons, gefüllt mit Schrauben)

Beim *Füttern* versucht der Spieltrainer die Welpen mit einem richtig kräftigen *Gong* zu erschüttern. Dabei muss er darauf achten, dass der Welpe, der zum ersten Mal dabei ist, am weitesten weg ist und sein Besitzer neben ihm hockt. Der neue Besitzer muss vorher instruiert worden sein, dass er nicht trösten oder Ähnliches tun darf, er sollte nur einfach daneben sein. Der Neuling wird vermutlich weghuschen, aber die Stimmungsübertragung der „erfahrenen" Welpen hilft ihm am schnellsten, auch wieder zur Futterdecke zurückzugehen. Beim zweiten Fütterungsdurchgang kommen drei verschieden große, durch eine Schnur miteinander verbundene und mit Schrauben gefüllte Kartons zuerst in Sicht, dann lärmen sie mitten durch die Welpenschar.

Video (von Sitz und Bleib sowie erste Platz-Übung)

Um die *Videoaufzeichnung* nicht zu lang werden zu lassen, ist es wichtig, dass der Spieltrainer weiß, bei wem er bei der *Sitz- oder Abliegeübung* mit Schwierigkeiten zu rechnen hat, so dass gerade diese gefilmt werden. Es wird zwar jeder gefilmt, aber nicht jeder bei jeder Übung. Während die Welpen wieder eine richtige Spielpause haben, wird alles für die Vorführung fertig gemacht, dann müssen die Welpen angeleint beim Besitzer bleiben.

Langes Down (während der Videovorführung)

Welpen, die noch nicht richtig müde sind, werden interessiert zuschauen, während die anderen freiwillig ein *„langes Down"* machen, d. h., sie schlafen zu Füßen des Meisters, während er sich in Ruhe mit etwas anderem beschäftigt. Hunde können übrigens richtig fernsehen, wenn sie früh genug damit konfrontiert wurden und das Programm für sie interessant ist!

Meistens gibt es auch drollige Situationen, die zufällig gefilmt wurden, so dass das Video nicht gar so streng wirkt. Die Korrektur sollte unbedingt humorvoll angebracht werden, sonst sind die Hundebesitzer so frustriert, dass sie vor dem nächsten Treffen richtig Angst bekommen. Und Sie wissen ja, eine entspannte Atmosphäre ist die Voraussetzung für die Lernfähigkeit bei Mensch und Tier. Beklagen Sie sich also ruhig, wenn Ihr Spieltrainer zu sehr motzt.

Ist die Show zu Ende, wird man die Welpen von der Leine lassen, so dass sie selbst entscheiden können, ob sie spielen wollen, hinaus müssen oder weiterschlafen wollen.

Theorie

1. **Keine Hör- oder Sichtzeichen beim nicht angeleinten Welpen**
2. **Verhalten bei Gewittern und an Silvester**

1. Die **Theorie** ist heute zunächst der wiederholte Hinweis, dass die Welpen noch nicht unangeleint „kommandiert" werden dürfen. Wobei das Befolgen von Hör- und Sichtzeichen nie als Kommando verstanden werden darf. Unsere Welpen werden erzogen und nicht sinnlos gedrillt. Auch dann nicht, wenn Wiederholungen unerlässlich sind, um ein sicheres Befolgen der Anordnung zu gewährleisten.

Ein Welpe, der auf Distanz sitzen oder liegen soll, wird bald merken, dass er dies befolgen kann **oder auch nicht**! Damit richten wir mehr Schaden an, als wenn er überhaupt erst viel später erzogen würde. Er lernt nämlich „geprägt", dass er tun kann, was er will. Die Idee der Frühsterziehung basiert aber darauf, dass der Ablauf immer der gleiche ist, so dass sich für den Welpen im Laufe der Zeit gar keine andere Möglichkeit mehr ergibt als zu sitzen, wenn er „Sitz" hört. Das gilt selbstverständlich für alle Hör- und Sichtzeichen, die er von klein auf kennt.

2. Im Sommer sind es **Gewitter**, im Winter können Silvester und die Faschingszeit den Welpen beunruhigen. Beides kann für einen Welpen eine beängstigende Situation sein, ganz besonders natürlich, wenn er bei dem Lärm auch noch allein gelassen wird. Aber das tun Sie ja bestimmt nicht, also geht es nur darum, wie Sie sich verhalten, falls der Welpe bei Donner oder Schuss Angst zeigt.

Bei Gewittern ist es am besten, man kümmert sich nicht darum, so dass die eigene Gelassenheit sich auf den Vierbeiner überträgt. Will er sich nicht beruhigen, sondern hechelt und zittert, kann man ihn vielleicht mit einem wilden Spiel ablenken. Auf keinen Fall darf er gefüttert werden, wenn er Angst zeigt, denn sein Angstgefühl würde dadurch bestätigt werden. Also bleibt nur: Ignorieren, ablenkendes Spiel und eventuell das Radiogerät lauter stellen als sonst, um den Geräuschunterschied zu mildern.

Die Tage vor und nach Silvester sind in manchen Gegenden schon recht nervig, auch für uns Menschen. Achten Sie darauf, dass der Welpe oder Junghund nicht in die Nähe von Knallfröschen kommt. Gehen Sie in dieser Zeit nicht im Stadtgebiet spazieren, meiden Sie Unterführungen, denn diese werden von knallwütigen Jugendlichen besonders bevorzugt. Lassen Sie Ihren jungen Hund nicht allein im Garten oder im Zwinger, während Sie sich im Haus aufhalten. Achten Sie darauf, wo Sie Ihr Auto parken, wenn der Welpe darin warten muss, auch wenn es nur ganz kurze Zeit ist.

Auf keinen Fall werden Sie in der Silvesternacht Ihren Welpen oder später den Hund allein lassen. Nehmen Sie das gut erzogene Tier mit zu Ihrer Festivität oder bestellen Sie eine vertraute Person zu sich nach Hause oder geben Sie ihn bei Hundefreunden ab, wo er in einer spielenden Meute womöglich gar nicht registriert, wie laut es um Mitternacht ist. Sollten Sie jedoch sowieso zu Hause bleiben, wird Ihr sorgfältig aufgebauter Welpe im Glücksfall sich gar nichts daraus machen. Aber Sie sollten schauen, dass er nicht von einem Böllerschuss aus dem Schlaf gerissen wird, also wecken Sie ihn rechtzeitig. Lassen Sie auf jeden Fall die Fenster zu, verzichten Sie (nicht nur Ihrem Hund zuliebe) ganz auf die Knallerei. Trotzdem, es gibt den schussängstlichen Hund, auch wenn wir keine Erklärung dafür wissen. Dann ist es günstig, er schaut gerne fern, denn dann werden Sie ein Hundevideo zeigen, vielleicht selbst aufgenommen mit möglichst viel „Action" und „Gebell". Stellen Sie das Ganze laut und Sie werden sehen, es geht gut vorüber.

Leider gibt es immer noch nichts Empfehlenswertes an Medikamenten: Entweder sie sind zu schwach oder sie wirken zu spät oder sie bewirken sogar das Gegenteil, weil der Hund immer noch Angst hat, sich aber nicht mehr bewegen kann. Dann läuft alles über Herz und Kreislauf ab, das ist nicht ungefährlich. Der sehr ängstliche Hund wird sich von sich aus bewegen, er spürt, dass Bewegung Angst abbaut. Also lassen Sie ihn das auch tun, auch dann, wenn es Sie nervös macht. Eventuell können Sie die Bewegung ja in Apportierspiele lenken, das fördert mit Sicherheit die Entspannung.

Lassen Sie Silvester gelassen, aber überlegt auf sich zukommen, denn eines ist sicher: Es geht vorüber!

Heute auf jeden Fall haben die Welpen genügend gespielt und werden wieder einmal wunderbar schlafen, sobald sie im Auto sind, um nach Hause zu fahren.

2. Prägungsspieltag (bunt gemischt mit Tagesplan)

Geländeauswahl (Teich); Apportieren (aus dem Wasser); Leinenführigkeit (mit Sitz und Kehrt); 1 × „Komm" klassisch, 1 × „Komm" ins Versteck; Füttern mit beweglicher Riesenfigur und Rätsche; Theorie (1. Übungseinheiten für Welpen, 2. Besuch beim Tierarzt, 3. Das Alleinsein muss in kleineren Schritten eingeübt werden); Tunnelaktion je nach Mut: Tunnel – Tunnel doppelt – Tunnel mit Knick; nach Tagesplan (Sitz – Platz – Steh und Apportieren)

Geländeauswahl (Teich mit angrenzender Wiese)

Das Wetter ist so angenehm, dass es mit der Gruppe noch einmal ans Wasser geht. Außerdem sind heute wieder zwei Spieltrainer verantwortlich, so dass sowohl die Fährtenvorbereitung wie das Apportieren aus dem Wasser geübt werden können.

Tagesplan, Sonntag, 5. Mai

Teilnahme ...Mal	Alter in Wochen	Rasse	Name	Besitzer	Besonder- heiten
2.	9	Border Collie *LF + Sitz, Steh, „Komm" klassisch*	KERRY	Egertz	aus Arbeitslinie
3.	10	Pyrenäen- berghund *1. Platz, LF + Sitz, Steh, Apport*	BALOU	Michel	
3.	10½	Deerhound *1. Platz, LF + Sitz, Steh*	BONNY	Siedler	
3.	11	Westie *1. Platz, LF + Sitz, Steh*	MAGGIE	Gock	
5.	13	Riesen- schnauzer *„Platz von oben", 1. Sitz – bleib, Fährte*	HERCULES	Schwarz	
5.	15	Labrador Retriever *„Platz – bleib", Sitz mit Pfeife + Ablenkung, Apport, Steh an Leine*	LUCY	Reich	aus Showlinie
8.	15	Corgie *„Platz – bleib" – a. S., Sitz in Entf., Apport, Steh an Leine*	LESTER	Oberer	→ Behinderten- begleithund?
8.	16	Irish-Wolf- hound-Mix *„Platz – bleib" – a. S., Sitzpfiff in Entf., Steh an Leine, Apport*	TERRY	Wetzel	→ Rettungs- hund?

Für alle, außer (2), „Komm ins Versteck" und LF mit Sitz.
LF = Leinenführigkeit, a. S. = außer Sicht.

Als erstes wird die Energie der Welpen für das Schwimmen ge-
braucht; je energiegeladener die Kleinen sind, umso mutiger sind
sie auch bei der ungewohnten Tätigkeit. Die Neuen nehmen zunächst nur im Spiel am und im Wasser Kontakt damit auf; die
andern, die schon ein- oder zweimal am Teich waren, werden

Die Apportierfreude wird mit dem Bringen aus dem Wasser noch gesteigert!

nun per „Schwimmmeister" (im Wattanzug) ins Tiefe gelockt (s. Prägungsspieltag Nr. 6).

Apportieren (aus dem Wasser)

Die Apportierfreude wird am Wasser in aller Regel noch gesteigert. Wichtig ist, dass nur der „arbeitende" Welpe frei ist, die anderen sind entweder angeleint, zumindest diejenigen, die auch apportieren werden, oder sie sind mit dem Co-Trainer weit genug entfernt, um nicht zu stören. Ein spezielles schwimmendes Dummy (= Ersatzbeute) wird an einer bis zu 8 m langen Schnur befestigt und je nach Veranlagung des Welpen nah oder schon etwas weiter ins Wasser befördert. Das Losschwimmen und Aufnehmen des Dummys im Wasser, das Umdrehen und Zurückkommen muss mit begeisternden (aber nicht kreischenden!) Worten begleitet werden. Auch hier gilt für den Besitzer: „Hände weg vom Dummy", der Welpe muss aus dem Wasser kommen und zu seinem in der Hocke befindlichen Meister laufen (1 m weit am Ufer), damit er dort für das Kommen **und** Tragen des Dummys gelobt wird. Ab hier ist alles wie im Flur, nur dass man bei großer Begeisterung auch einmal zwei bis drei Durchgänge wagen darf.

Sie ahnen sicher, wozu die Schnur am Dummy ist: Der Welpe könnte auf die Idee kommen, mit seiner Beute weglaufen zu wollen, und das darf ihm – zumindest in dieser Phase – niemals gelingen. Außerdem könnte das Dummy vielleicht auch abgetrieben werden, wenn ein Welpe zu lange zögert. Das ist zwar in der Gruppe weniger ein Problem, da ja manchmal ein Althund dabei ist, der es dann „retten" könnte. Was beim Prägungsspieltag jedoch gezeigt wird, sollen die Welpenbesitzer zu Hause direkt nachmachen können; deswegen ist es wichtig, alles immer korrekt durchzuführen.

Leinenführigkeit (mit Sitz und Kehrt)

Die nicht apportierenden Welpen haben in der Zwischenzeit mit der Leinenführigkeit inklusive Kehrtwendung und 1- bis 2-maligem „Sitz" begonnen.

Bevor der Welpe, der später gerne einmal ein richtiger Fährtenhund sein soll, zu müde ist, muss mit ihm abseits mit der Nasenarbeit begonnen werden. Diese muss jedes Mal kontrolliert werden. Beim Suchen und beim Apportieren wirken sich frühe Fehler am verheerendsten aus. Wenn in einer Gruppe keine Zeit ist für diese „Hundeberufsvorbereitungen", ist es besser, gar nicht damit anzufangen. Unerfahrene Welpenbesitzer dürfen keineswegs irgendwie vor sich hin wursteln.

Die Welpen waren jetzt wieder genug steady, so dass sie jetzt spielen dürfen.

1 × „Komm" klassisch, 1 × „Komm" ins Versteck

Die Erfolgsübung „Komm" wird für die drei Jüngsten noch klassisch, d. h. mit Sicht- und Hörzeichen aus nicht zu großer Entfernung, absolviert. Die anderen dürfen ihren Meister, nach Ertönen des Hörzeichens, im Gelände versteckt suchen.

Füttern (mit beweglicher Riesenfigur und Rätsche)

Nach so viel Wasser haben die Welpen großen Hunger und werden gleich nach der Rückkehr zum Treffpunkt gemeinsam gefüttert. Eine fast metergroße Stoffpuppe baumelt (Gehen simulierend) an einer Art Angel frontal zu den wartenden Welpen. Sie werden kaum beeindruckt sein. Deswegen kann beim zweiten Fütterungsdurchgang auch noch eine scheußliche Holzrätsche eingesetzt werden, diese finden sie teilweise schon zum Davonlaufen ...

Tunnelaktion (je nach Mut: Tunnel – Tunnel doppelt – Tunnel mit Knick)

Da „man" nach dem Fressen sowieso hinaus muss, kann das heute noch mit einer großen Tunnelaktion verbunden werden. Zunächst soll jeder Welpe durch den Stofftunnel gelockt werden, einige können das schon. Dann dürfen diejenigen, die das problemlos schafften, durch einen angeknüpften Tunnel, also die doppelte Länge, laufen. Wer auch das mit Spaß hinter sich gebracht hat, muss nun Mut beweisen, indem er in eine vermeintlich dunkle Röhre eindringt. Hier wurde der Tunnel um einen Knick von 90° gebogen. Der Welpe sieht also nicht mehr das Licht am anderen Ende. Wichtig ist dabei, dass der Tunnel so fest gehalten wird, dass er sich nicht bewegt. Erst wenn alle durch sind, lässt man ihn los und zur freien Verfügung.

Theorie

1. **Übungseinheiten für Welpen,**
2. **Besuch beim Tierarzt,**
3. **Das Alleinsein (muss in kleineren Schritten eingeübt werden)**

1. Die **Übungseinheiten** sind umso kürzer, je jünger der Welpe ist, d.h., mit acht Wochen nehmen Sie Ihren Welpen 3×30 Sekunden an die Leine, und zwar morgens, nachmittags und abends. Gönnen Sie ihm lange Erholungspausen zwischen den einzelnen Übungsphasen. Ein 14 Wochen alter Welpe kann je nach Lern- und Arbeitsfreude 3×2 bis 4 Minuten mitmachen. Einen Tag gar nicht geübt ist besser als nur ungeduldiges Herumzerren am Welpen, d.h., wenn Sie in schlechter Verfassung sind, sollten Sie sich auf das Spielen und Schmusen beschränken. Am nächsten Tag geht es dann umso besser.

Durchfall und Erbrechen, die eben einmal vorkommen, führen auch bei einem sonst unternehmungslustigen Welpen zu Apathie. Dann sollten Sie selbstverständlich einen Pausentag einlegen. Immer wieder muss darauf hingewiesen werden, dass der Welpe nur

Der Tierarzt muss sich vor allem beim ersten Besuch eines Welpen unbedingt Zeit nehmen.

von einer erwachsenen Person richtig lernen kann. Erst wenn eine Übung automatisch abläuft, kann auch ein anderes Familienmitglied versuchen, diese mit dem Welpen durchzuführen. Je später, desto besser! Soll der Welpe wirklich lernen, darf keinerlei Ablenkung in der Nähe sein; das bedeutet, dass am Prägungsspieltag der Welpe zwar netterweise mitarbeitet, aber lernen kann nur sein Herr.

Deswegen ist es auch wichtig, dass die neuen Übungen immer erst im ruhigen Haus (ohne Radio, TV und andere Familienmitglieder) probiert werden – und erst, wenn sie gut funktionieren, wird das in einer ruhigen Ecke auf dem täglichen Trödelspaziergang auch geübt.

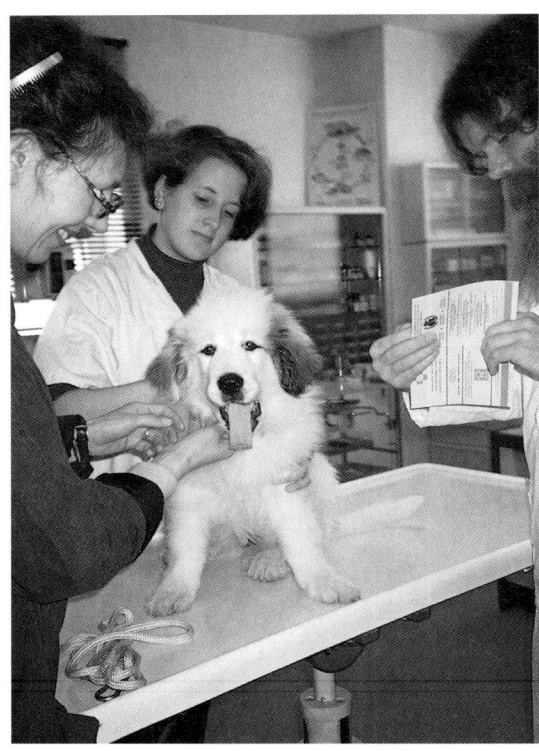

Beim Tierarzt ist es auf dem Tisch durch das Würstchen noch spannender als zu Hause.

2. Der **Tierarztbesuch** ist für neue Hundebesitzer oft etwas Unheimliches. Deswegen empfiehlt es sich, gleich nach der Ankunft des Welpen im neuen Zuhause einen Tierarzttermin auszumachen. Sagen Sie, dass Sie den Welpen **nicht** in das Wartezimmer mitnehmen wollen – schließlich ist hier die Infektionsgefahr noch größer als im Stadtpark –, so dass Sie bei der Anmeldung klopfen dürfen und dann ausnahmsweise vorgezogen werden. Geht das nicht, lassen Sie Ihren Welpen auf dem Schoß und von niemandem anfassen! Die Decke, die Sie im Auto für den Welpen hatten, nehmen Sie jetzt mit ins Sprechzimmer und legen sie auf den Behandlungstisch. Ihr Tierarzt wird schmunzeln, dies aber akzeptieren. Schließlich geht es nur darum, dass er Ihnen hoffentlich bestätigen kann, dass Sie ein putzmunteres Kerlchen

übernommen haben. Nach der spielerisch durchgeführten Untersuchung wird der Impfpass kontrolliert, die nächste Wurmkur und anderes mehr besprochen. Haben Sie diese Information schon vor Ihrer Welpenbesitzerzeit gelesen, sollten Sie auch wissen, dass die meisten Hunde Saitenwürstchen (auch Wienerle oder Frankfurter genannt) sehr lieben. Probieren Sie es erst daheim, ob auch Ihr Welpe dünn geschnittene Wurststückchen toll findet, wenn ja: immer zum Tierarzt Saitenwurststücke mitnehmen! Der Trick dabei ist, dass diese sicherlich nicht sehr gesunde Futterart, außer beim ersten Probieren, niemals woanders als beim Tierarzt auf dem Behandlungstisch gegeben wird. Aber da wirklich immer. Der Einstich der ersten Impfung wird fressenderweise überhaupt nicht registriert. Das Stehen und Gedrehtwerden auf einem Tisch o. Ä. wurde ja schon beim Prägungsspieltag gezeigt und daheim täglich geübt (hier allerdings mit Käsestreifen), so dass sich ein Tierarztbesuch im Laufe der Zeit zu einem positiv aufregenden Erlebnis entwickelt. Nicht wenige Hunde sitzen vibrierend vor der Behandlungstür und können es fast nicht erwarten, bis sie endlich hinein dürfen – und dann ist hoffentlich der Tisch schon heruntergekurbelt, damit Patient Hund selbst hochspringen kann. Schließlich will er sein Saitenwürstchen. Es wirkt aber nur so überzeugend, wenn Sie das schon in der prägungsähnlichen Sozialisierungsphase einige Male ausgeübt haben. Notfalls gehen Sie auch einfach so beim Tierarzt vorbei. Es genügt ja, dass eine Helferin da ist, die Ihnen erlaubt, Ihren Welpen kurz auf den Tisch zu stellen. Je häufiger er erlebt, dass es da oben so wunderbar ist, umso größer wird der Spielraum, falls er doch einmal eine schmerzhaftere Behandlung über sich ergehen lassen muss. Die guten Erinnerungen überwiegen dann immer noch für die Zukunft. Die Leckerle, die manche Tierärzte geschickterweise verabreichen, sind in der Wirkung nicht zu vergleichen mit Saitenwürstchen.

3. Dass der Welpe bis zu seinem 6. Lebensmonat nachts nicht allein gelassen wird, ändert nichts daran, dass man rechtzeitig beginnen muss, das **Alleinsein** einzuüben.

Hat sich Ihr Welpe eingelebt, gehen Sie ruhig schon einmal in den Keller, ohne ihn mitzunehmen. Wenn Sie ein Kindersicherungstürchen angebracht haben, lässt sich das am besten im Treppenhaus üben. Ihr Welpe muss oben bleiben, Sie sagen ihm ruhig und gelassen: „Bleib, ich komme gleich wieder." Sie schließen das Gitter, wiederholen eventuell die Worte und gehen nach unten. Drei Reaktionen sind möglich:

– Ihr Welpe wartet gelassen,
– Ihr Welpe protestiert mit Gebell und Kratzen oder
– Ihr Welpe winselt jämmerlich.

In den beiden ersten Fällen können Sie einfach weitergehen für das erste Mal. Wiederholt sich später das Protestverhalten, müssen Sie umdrehen, den Welpen festhalten, anschauen und streng „Nein" sagen. Lässt er Sie jetzt ein paar Sekunden weggehen, kehren Sie zurück und loben ihn ruhig.

Wieder sagen Sie ihm: „Bleib, ich komme gleich wieder" und verschwinden. Sie brauchen ein wenig Gefühl für den Vorgang, denn dreimal in immer größeren Abständen zurückzugehen zum Loben fürs Stillsein ist der viel größere Erfolg als dreimal zum Schimpfen zurückgehen zu müssen.

Wenn Ihr Welpe jedoch jämmerlich winselt, gehen Sie kommentarlos zurück, nehmen ihn stillschweigend mit – wie vorher auch. Warten Sie mit der Alleinseinübung eine weitere Woche, dieser Welpe ist noch nicht reif genug.

Protest„geschrei" und Verlassenheitsweinen sind gut zu unterscheiden. Letzteres sollte Ihr Welpe nie nötig haben! Das Alleinbleiben wird sukzessive verlängert, wichtig ist, dass **Sie** immer wissen, was in der Zeit, in der sich der Welpe allein wähnt, geschieht. Deswegen bleiben Sie anfangs in Hörweite. Sie müssen schnell und wieder kommentarlos im Raum stehen, sollte gerade jetzt der erste Donnerschlag über Sie hereinbrechen. Alleinsein und Donner hält ein junger Welpe zwar aus, aber häufig ängstigt er sich dann mit einem Jahr vor Gewittern und Sie wissen nicht einmal warum. Deswegen dürfen Sie ihn nur scheinbar allein lassen – Sie müssen im Erschreckensfall rechtzeitig zurück sein. Selbstverständlich sollten Sie sich nicht wirklich um den Welpen kümmern, sondern es genügt und ist korrekt, wenn Sie einfach wieder da sind – so als wollten Sie sowieso da sein, um den Tisch zu decken zum Beispiel. Wenn Sie einmal wirklich ohne Hundekind aus dem Haus müssen, gehen Sie erst, wenn ein anderes kompetentes Familienmitglied oder ein engagierter Welpensitter da ist.

Im Auto allein gelassen zu werden, finden die Welpen meistens weniger aufregend. Dennoch ist auch das mit äußerster Vorsicht zu handhaben. Immer wieder gibt es Idioten, denen es Spaß macht, den entdeckten Welpen mit allen möglichen Geräuschen zu ängstigen. Parkhäuser sind in der ersten Zeit sicher nicht geeignet, einen Hund allein im Auto zu lassen: Erstens sind sie nicht übersichtlich und zweitens sind viele Parkhäuser unheimlich laut, wenn ein Auto nach dem andern vorbeifährt. Am besten, Sie lassen Ihren Welpen im Gelände die ersten paar Mal kurz allein im Auto, dabei legen Sie sich, von ihm ungesehen, auf die Lauer. Auch Welpen, die nicht sehr nervenstark sind, können ans Alleinsein gewöhnt werden, wenn es nur gefühlvoll und intelligent angestellt wird.

Ein Welpe, der längere Zeit (z. B. nachts) allein gelassen wird, ohne dass er es erfolgreich üben konnte, muss sich instinktiv „tot stellen", damit ihn, den noch „Wehrlosen" kein „Feind" findet. Das bedeutet Stress, das bedeutet ein unausgeruhter Welpe, der von Tag zu Tag nervöser wird. Aber nervenschwache, verhaltensgestörte Hunde gibt es schon genug. Sie wollen sicher keinen solchen heranziehen.

Das waren für heute die theoretischen Informationen, die bestimmt auch wieder zu einem Frage-und-Antwort-Spiel geführt haben.

Jetzt werden wie immer alle Halsbändchen abgenommen, die Welpen, die spielen wollen, lassen sich untereinander schnell animieren, die andern schlafen einfach weiter – manchmal gibt es dazu sogar einen bösen „Lass-mich-in-Ruhe-Knurrer". Dieses Unwillenzeigen gegenüber einem anderen Welpen ist ganz in Ordnung und bedarf keiner Regulierung durch die Menschen. Anders ist es, wenn der Boss einfühlsam seinen Welpen wecken will (aus welchen Gründen auch immer) und dieser sich untersteht, ihn anzuknurren. Dann muss der Mensch sofort reagieren, ruhig und heftig, denn vom Chef lässt „man" sich wecken, wie „man" sich auch alles aus dem Fang nehmen lässt.

Nach Tagesplan: Sitz – Platz – Steh und Apportieren

Nach dem Lösen und der Spielpause werden die einzelnen Welpenbesitzer genau nach Tagesplan eingewiesen. Immer wird eine Übung erst so gezeigt, wie sie in der vergangenen Woche erfolgte. Nur wenn das korrekt ist, wird darauf aufgebaut, sozusagen die Hausaufgabe für die nächste Woche. Es gibt die verschiedensten Ursachen, warum es mal stagniert. Was immer als Ursache erkannt worden ist: Der Welpenbesitzer darf zu keinem falschen Ehrgeiz gezwungen werden, sein Welpe würde durch Überforderung nur blockieren.

Kapitel V

Prägungsspieltag – Üben muss man zu Hause!

Erziehungsanleitung:

Für die ersten acht Wochen, die der Welpe bei Ihnen daheim ist. Er ist idealerweise zwischen 7 bis 8 und 15 bis 16 Wochen alt.

Ist Gehorsam nötig?

Gehorsam muss sein, er ist keine artfremde Quälerei, wie manch einer aus Bequemlichkeit behauptet.

Beobachtungen im Wildhundrudel zeigen, wie drastisch die Alttiere die Jungen unterwerfen, wenn diese eigenmächtig handeln. Strenges Eingreifen ist nötig, weil es beim Wildhund ums Überleben geht!

Alles, was die erwachsenen Hunde den Welpen peu à peu beibringen (mit oder auch ohne Spiel) benötigen diese, um im Rudel verbleiben zu können. Aber auch, um sich eventuell als erwachsenes Tier allein durchzuschlagen.

Das von den Althunden instinktiv und erfahrungsgemäß Gezeigte wird immer auf die gleiche Art vorgelebt, so dass es der Welpe richtig beherrschen lernt. Diese Sicherheit im Vorgehen, z. B. bei der Jagd auf Beute, ist die geprägte Grundlage für das ganze darauf aufbauende spätere Lernen.

Aber auch das **sofortige** Verschwinden im Lager beim Ertönen des Warnlautes der Mutter, genau wie das **sofortige** Herbeikommen beim Locklaut der Mutter sind für die Welpen überlebenswichtig. Dies wird von der Alten rigoros durchgesetzt.

Ganz exakt dasselbe gilt in unserer engen Zivilisation: Zuverlässiges Kommen und/oder Bleiben des Hundes sind seine Lebensversicherungen. Diese und einige andere Gehorsamsübungen sollte der Welpe bereits in der prägungsähnlichen Phase lernen und können. Das lebenslange Weiterüben, damit alles immer funktioniert, ist eine Selbstverständlichkeit.

Hundebesitzer, die wissen, welchen „Beruf" ihr Hund später ausüben wird, wie z. B. Jagdhund, Rettungshund oder Leistungssportler in Agility, können und sollen die einmalige Chance nutzen, dieses Ziel im Welpenalter prägungsähnlich anzubahnen. Je anspruchsvoller der zukünftige Einsatz des Hundes sein wird, umso wichtiger ist die dahin führende spielerische Frühsterziehung. Ich denke dabei besonders an Behindertenbegleithunde, Blindenführhunde und an die vielfältige Ausbildung für die Diensthunde von Polizei und Zoll.

Aber auch wer seinen Hund, der vielleicht einer weniger arbeitsfreudigen Rasse angehört, nur als Familienmitglied und ständigen Begleiter haben will, tut gut daran, ihn zum gehorsamen und damit angenehmen Begleithund auszubilden.

Praxis der Erziehungsanleitung

Nachfolgend ist der funktionelle Ablauf der in Kapitel III angesprochenen Übungen genau beschrieben.

An jedem Prägungsspieltag haben Sie als engagierter Welpenbesitzer viele Eindrücke mit nach Hause genommen. Deswegen passiert es immer wieder, dass die vom Spieltrainer gezeigten Übungen nicht mehr genau im Gedächtnis sind. Vielleicht haben Sie sich die kleine Mühe gemacht und seine Erklärungen in Ihren Worten aufgeschrieben, dann sind Sie gut dran. Dennoch bedeutet es eine zusätzliche Sicherheit, wenn Sie den Übungsablauf hier zur Kontrolle nachlesen.

1. Woche, der Welpe ist 7 bis 8 Wochen alt

Zuerst muss er seinen Namen kennen lernen

Also schmeicheln Sie mit diesem für sein ganzes Leben wichtigen Wort, wir sprechen den Namen „seeehr" freundlich und nur positiv! D. h., eine nötige Korrektur, z. B. Elektrokabel anknabbern: „Nein!" laut und definitiv, aber ohne Namensnennung. Den Namen bringen Sie in Verbindung mit Fressen, Spielen und beim Schmusen. So merken Sie schon nach wenigen Tagen, dass der

Welpe herschaut, vielleicht sogar zu Ihnen kommt, wenn er seinen Namen hört. Die erste Lektion hat er schon gelernt.

Vom zweiten Tag an Gewöhnung an Halsband und Leine

Erstens: Halsband vor und während der Futterzubereitung und während des Fressens anziehen bzw. angezogen lassen. Das Anziehen des Bändchens muss mit vielversprechender Stimme geschehen (das gilt für das ganze spätere Anleinen!), während das Abnehmen der Halsung eher ruhig und selbstverständlich geschehen sollte.

Zweitens: Halsband mit kurzer (1 m) Leine, die man einfach schleifen lässt, wie oben anziehen.

Drittens: Halsband mit Leine anziehen, Leine in die Hand nehmen und sich vom Welpen zum Futter führen lassen.

Viertens: Halsband und Leine anziehen. Sie stellen sich jetzt ständig so hin, dass Ihr Welpe links von Ihnen geht, aber noch bestimmt er, wohin und wie schnell er gehen will.

Fünftens: Wie unter viertens, aber jetzt wechseln Sie die Rolle und locken ihn vorwärts. Dazu nehmen Sie das Leinenende am besten in die *rechte* Hand, der Welpe bleibt an Ihrer linken Seite, so dass Sie die linke Hand zum Vorwärtslocken einsetzen können. In der Lernphase muss die linke Hand immer frei sein für Lob und Korrektur und auch evtl. Richtungweisung. Sobald der Welpe mitkommt, prägen Sie ihm durch anfänglich häufige Wiederholung das Hörzeichen „Fuß" ein. Das bedeutet für immer, dass er links von Ihnen, eng an Ihrem linken Fuß/Bein, mitgehen muss.

Dieses richtige An-der-Leine-Gehen muss zunächst in der Wohnung gut klappen, dann können Sie das Ganze in den Garten verlagern. Bitte immer nur 1 bis 2 Minuten, aber dafür häufiger am Tag üben.

Hörzeichen „Hier" oder Doppelpfiff

Üben Sie mit einer Hornpfeife, die Sie im Waffengeschäft (= Jagdhundzubehör) erhalten, oder auch mit einer englischen Plastikpfeife, die Sie auf Hundeausstellungen erstehen können. Beide

Typen sind bruchfest und temperaturbeständig und für Mensch und Tier hörbar. Dies ist für die Kontrolle sehr wichtig. Metallpfeifen verändern ihre Frequenz, wenn sie nicht ganz fest im Gewinde sind. Sehr unangenehm sind sie aber im eisig kalten Winter, wenn die Lippenhaut daran hängen bleibt.

Eine Pfeife hat keine Stimmungen, das ist für das Herbeiholen Ihres Hundes ganz wichtig, denn er muss immer freudig kommen und darf Ihre eventuelle (Ver-)Stimmung nicht schon von weitem spüren.

Husten, Heiserkeit und Gegenwind sind beim Spaziergang kein Problem, wenn Sie Ihre Pfeife dabei haben.

Ob Sie jedoch Pfeife oder Stimme bevorzugen, immer sollten Sie damit schon am 4. Tag bei Ihnen beginnen. Mit „Hier" oder „Tüt-Tüt" verknüpft Ihr Welpe sehr bald Angenehmes und elementar Wichtiges: sein Futter. Das ist dann die geprägte Grundlage für das später wirklich funktionierende Komm-Signal.

Die Schäfer auf Neuseeland sind unglaublich geschickt und variationsreich im Umgang mit der Pfeife. Sie dirigieren mehrere Hunde mit den verschiedensten Pfiffen auf große Distanzen. Hier bei uns haben die meisten Menschen mehr oder weniger Schwierigkeiten mit dem Pfeifen. Deswegen ist das „Tüt-Tüt" als Doppelpfiff für Ungeübte das sichere und empfehlenswerte Hörzeichen. Den ersten oder den zweiten Ton hört Ihr Welpe dann bestimmt, und im Verlauf der nächsten zwei Wochen wird er jedesmal beide Töne zu hören kriegen.

Der Ablauf des Einübens steht auf dem Merkblatt (S. 32), das Welpenbesitzer schon vor Antritt der Prägungsspieltage erhalten sollten.

Neben der Aufgabe, den Welpen sanft stubenrein zu bekommen (S. 30), haben Sie Ihrem Welpen bis jetzt schon sehr viel beigebracht. Darüber hinaus hat er ganz von alleine noch viel, viel mehr gelernt.

2. Woche, der Welpe ist 8 bis 9 Wochen alt

Sitz

Der Welpe geht jetzt schon 1–2 Minuten im Haus an der Leine, und zwar *nur* links neben Ihnen. Aus dieser Position heraus halten Sie an, die Leine wird ganz schnell kurz gefasst (in diesem Fall nur mit der linken Hand), so dass der Welpe Ihre linke Seite nicht verlassen kann. Mit der rechten Hand wenden Sie das Sichtzeichen „erhobener Zeigefinger" an, und gleichzeitig sprechen Sie das Hörzeichen „Siiiitz" ganz freundlich. Der Welpe sollte Ihr Handzeichen wirklich sehen können. Warten Sie bitte, bis sich Ihr Welpe setzt, es wird nicht lange dauern, dann sitzt er einfach, weil das für ihn die bequemste abwartende Haltung ist. Jetzt wird der sitzende kleine Kerl mit Streicheln und Worten (ohne[!] Leckerle) von Ihnen gelobt und bestätigt, dass es das war, was Sie von ihm wollten. Halten Sie ihn noch eine Sekunde im Sitz, dann gehen Sie mit dem Hörzeichen „Fuß" (freundlich und auffordernd, dennoch leise gesprochen) ein paar Schritte im Zimmer weiter und wiederholen diese Übung noch zweimal. Danach ist wie immer nach den kleinen Lehrproben „Schmusen" und „Spielen" wichtig.

Während der ganzen prägenden Sozialisierungsphase sollten Sie es unbedingt vermeiden, dem Welpen ein Hör- oder Sichtzeichen zu geben, wenn er nicht angeleint ist. Sie müssen absolut sicher sein, dass Sie das von ihm erwünschte Verhalten auch durchsetzen können. Dem Welpen muss eingeprägt werden, und zwar fehlerlos, dass es keine andere Möglichkeit gibt, als Ihre Hör- und Sichtzeichen zu befolgen. Freigelassen würde er über kurz oder lang versuchen, und wahrscheinlich mit Erfolg, Ihre Zeichen zu ignorieren. Dann allerdings hätte er sich genauso fest eingeprägt: „Ich kann das Zeichen auch nicht befolgen." Das wäre doch zu dumm bei all Ihrer Anstrengung.

Bitte entwickeln Sie keinen falschen Ehrgeiz, sondern üben Sie mit dem jungen Welpen vorläufig im Haus (ohne Ablenkung) und nur angeleint. Dann haben die Vorgänge Gelegenheit, sich beim Welpen zu automatisieren.

In dieser 2. Woche bei Ihnen erhält das

Komm-Signal

schon seinen Sinn: Noch sind Sie dazu im Haus, aber jetzt hält ein Helfer den Welpen, während Sie mit der Futterschüssel jedes Mal in einen anderen erreichbaren Raum gehen. Sie pfeifen von dort einmal den Doppelpfiff und lassen dem Welpen Zeit, Sie zu finden. Sobald er da ist, bekommt er an Ort und Stelle sein Fressen, währenddessen Sie den Doppelpfiff wiederholen. Da die meisten Welpen täglich 4-mal gefüttert werden, haben Sie die Chance, den Doppelpfiff angenehm zu prägen. Lassen Sie sich nicht verführen, die Pfeife jetzt schon mit nach draußen zu nehmen: Da der Welpe jetzt wahnsinnig schnell lernt, lernt er genauso schnell, eventuell nicht zu kommen!

Kleine Arbeitseinheiten!

Das gilt auch für die Leinenführigkeit. Schleifen Sie Ihren Welpen nicht um den Block, sondern bleiben Sie noch im Haus respektive Garten, wenn es im Haus schon klappt, und üben Sie nicht länger als 1 bis 2 Minuten mehrmals täglich. Natürlich soll Ihr Welpe seine prägende Sozialisierungsphase nicht nur in Haus und Garten verleben, ganz im Gegenteil! Fahren Sie mit ihm in dieser und den nächsten Wochen jeden Tag an einen anderen Platz, wo er frei laufen und nach Möglichkeit mit anderen Welpen toben kann. Einmal pro Woche werden Sie bestimmt das große Fest für Ihren Welpen besuchen, nämlich einen organisierten Prägungsspieltag, wo er intensiv spielen kann und Sie viele Tips und Anregungen erhalten.

Kleine Arbeitseinheiten auch für die Tageseinteilung: Haben Sie zum Beispiel morgens Leinenführigkeit mit „Sitz" geübt, können Sie nachmittags das „Steh" versuchen.

Steh

Dazu benötigen Sie eine Truhe, Bank, einen Pflegetisch oder notfalls eine Treppenstufe. Auf eine solche Erhöhung stellen Sie den Welpen (ausnahmsweise ohne Leine).

Verstecken Sie einen Streifen milden Käse in Ihrer Hand, so dass nur 2 mm herausschauen. Daran darf der Welpe stehend unter dem öfter freundlich wiederholten Hörzeichen „Steeeh" lutschen und knabbern.

Sie werden feststellen, dass sich der ganze Welpenkörper über die Kopfhaltung lenken lässt (ohne weitere Berührung Ihrer Hände!). Das bedeutet, wenn der Käse in der richtigen Höhe angeboten wird, steht der Welpe „automatisch" richtig.

Beißhemmung

Bei der o. g. Steh-Übung ergibt sich häufig die Gelegenheit, dem Welpen zu zeigen, dass Sie kein Fell an der Hand haben. Ist Ihr Welpe zum Beispiel sehr gierig und beißt Sie dabei in die Hand, dann „beißen" Sie bitte mit dieser „Käsehand" blitzschnell über den Nasenrücken zurück und er hört gleichzeitig ein scharfes „Nein!". Gehen Sie dann sofort wieder in die Ausgangsstellung zurück und bieten ihm wieder den Käse an mit freundlichem „Steeeh". So lernt Ihr Welpe, dass er den Käse zwar haben darf, aber dabei nicht in die Hand beißen darf.

So klein ein Welpe auch sein mag, er wird versuchen, Ihren Arm zu fassen, um Sie zu apportieren. Das ist spielerisch und lieb gemeint. Aber auch hier können die spitzen Zähnchen Ihnen recht weh tun. Dann greifen Sie mit der freien Hand wieder fest über seinen Nasenrücken (also zudrücken), sagen ein scharfes „Nein!", ziehen Ihren leicht beschädigten Arm heraus, lassen den Nasenrücken los und schieben den Arm wieder mit „Sanft" in den Welpenfang. Auch hier soll der Welpe lernen, er darf Sie „apportieren", er darf Ihre Hand auch zärtlich durchkauen, aber eben nicht grob beißen. Die meisten Welpen lernen das sehr schnell. In jedem Fall aber muss eine echte Beißhemmung bis zur 12. Woche zuverlässig eingeübt sein.

3. Woche, der Welpe ist 9 bis 10 Wochen alt

Leinenführigkeit

Da diese im Haus schon gut geht, wird jetzt im Garten oder auch in einer ruhigen Minute auf dem „Tagesausflug" probiert. Jetzt gibt es für den Welpen viel zu erkunden und er wird wahrscheinlich nach vorn oder zur Seite weg ziehen. Ich wiederhole: Der Welpe geht von Anfang an an Ihrer linken Seite, möglichst nah an Ihrem linken Bein, das Hörzeichen dafür ist „Fuß".

Oben links: Fürs erste Abliegen des Welpen geht der Führer in die Hocke und mit beiden Händen zum Boden. Die linke Hand fixiert die Leine, die rechte versteckt das Leckerle im Handzeichen. Oben rechts: Der Welpe liegt und kaut, das Handzeichen ist derweil über Augenhöhe. Unten links: Beruhigendes Rückenstreicheln und Wortwiederholung „Platz". Unten rechts: Schon nach drei Tagen genügt das Handzeichen ohne Leckerle fürs Abliegen und Liegenbleiben.

Auch „Fuß" ist eine freundliche Aufforderung, die nur bei Wegstreben mit einem scharfen (nicht lauten) „Nein" und einem blitzschnellen Ruck zu Ihrem linken Bein korrigiert wird. Sobald der Welpe wieder nah ist, erfolgt ein freundliches „Fuß" und er wird gekrault beim Weitergehen in der Nähe. Spätestens jetzt merken Sie, warum es „Hundesport" heißt, denn Sie müssen dabei schnell reagieren und ziemlich gebückt gehen. Wenn Sie das blitzartige

Heranrucken Ihres Welpen 2–3-mal richtig gemacht haben („Flughund"), brauchen Sie es meist nie mehr zu wiederholen, denn der Welpe weiß jetzt, nah bei Ihrem linken Bein wird er gelobt und gekrault, alles andere ist unangenehm.

Hüten Sie sich davor, die „Herholbewegung" langsam durchzuführen, dann leistet der Welpe nämlich Widerstand und das könnte zu einer Muskelverspannung (Schiefhals) führen. Also schnell müssen Sie sein und entschlossen.

Hüten Sie sich aber auch davor, aus Angst, Ihrem Welpen weh zu tun, nur ein bisschen zu zupfen: Der Welpe kann daraus nichts lernen, aber er wird sich daran gewöhnen und langsam, aber sicher, einen „Stiernacken" entwickeln, ähnlich als wenn Sie ihn unter Dauerzug führen.

Dauerzug mag jetzt noch als das einfachste erscheinen, aber denken Sie daran, dass Ihr Liebling eventuell einmal 40 kg wiegt...

Zur Leinenführigkeit

Sollte Ihr Welpe draußen jedoch nicht mitgehen wollen, müssen Sie ihn an der Leine locken, ohne Zwang. „Leinegehen" soll für den Hund eine angenehme Angelegenheit sein, wo er seinen Meister, also Sie, ganz für sich allein hat. Geht die sanfte Tour im Freien trotz aller Bemühungen nicht, sollten Sie die Übung so lange zurück ins Haus verlegen, bis er sich drinnen richtig über die Leine freut.

Das Abliegen

Beginnen Sie wieder in der Stube. Der Welpe wird angeleint, Sie gehen ein paar Schritte mit ihm, nehmen die Leine recht kurz in die linke Hand, gehen auf die Knie und fixieren gleichzeitig Ihre linke Hand am Boden, d. h., der Welpe hat jetzt nur noch etwa so viel Spielraum, wie er hoch ist, die fixierte Hand darf überhaupt nicht nachgeben.

Ihre rechte Hand hat mit dem Sichtzeichen (s. Foto) ein Leckerle zwischen Daumen und Mittelhand, gerade ein bisschen sichtbar, aber gut riechbar für Ihren Welpen.

Diese Leckerlehand fährt wie ein Magnet vor der Welpennase auf dem Boden entlang nach vorne. Der Welpe kann nur daran kommen, wenn er sich hinlegt, aber er bekommt es nur, wenn auch das Hinterteil unten ist. Gleichzeitig sprechen Sie das Hörzeichen „Platzzz" freundlich, auffordernd. Während der Welpe liegt und frisst, streicheln Sie mit der Leinenhand ruhig seinen Rücken (verhindern durch leichten Druck dabei, dass er frühzeitig aufsteht), mit der rechten Hand gehen Sie jetzt über seine Augenhöhe, so dass er das Sichtzeichen von Anfang an vor sich bzw. über sich hat. Das Hörzeichen „Platzzz" wird zum Einprägen in dieser anfänglichen Lernphase mehrmals freundlich wiederholt.

Der Welpe bleibt auf jeden Fall liegen, bis er gefressen hat. Damit er aber von Beginn an lernt, dass man aus der Position „Platz" nicht einfach wegläuft, muss er grundsätzlich zuerst in die Position „Sitz" gehen. Das ist anfangs für ihn ein echter Denkvorgang, denn bisher musste er beim Hörzeichen „Sitz" das Hinterteil nach unten bewegen. Jetzt aus dem Liegen heraus muss er den Kopf heben und die Vorderbeinchen hochstemmen.

Zu Abliegen

Haben Sie bitte bei dem Vorgang etwas Geduld. Ziehen Sie Ihren Welpen nicht mittels Halsband hoch, sondern ermuntern Sie ihn freundlich mit Hör- und Sichtzeichen. Ergo Sichtzeichen: Auch diese wechseln vom Platz ins Sitz! Nur wenn der Welpe den Bewegungsablauf selbstständig durchführt, kann er ihn wirklich lernen. Haben Sie etwas Ausdauer und bleiben Sie freundlich, der Welpe wird sich aufsetzen.

Also, der Welpe liegt, *Sie* stehen auf mit der Leine in der linken Hand, geben Sicht- und Hörzeichen „Siiitz" sehr auffordernd mit hoher, freundlicher Stimme. Der Welpe setzt sich hoch, Sie zählen innerlich eins, zwei und loben ihn dann sehr, aber er muss dabei in der Sitzposition bleiben. Es muss ihm bewusst gemacht werden, wofür er gelobt wird. Dann gehen Sie mit ihm durch das ganze Zimmer und wiederholen die Platz-Übung noch 2-mal mit einem Leckerle.

Am nächsten, dem 2. Tag der Abliegeübung, üben Sie sie wieder dreimal hintereinander, aber sparsamer mit dem Leckerle, d. h. beim ersten Versuch *mit* Leckerle, beim zweiten *ohne* und beim dritten Versuch wieder *mit* Leckerle.

Am 3. Tag sieht der Ablauf so aus:
1. Mal *ohne* Leckerle
2. Mal *ohne* Leckerle
3. Mal *mit* Leckerle

und dieses Leckerle ist definitiv das letzte, das jemals für die Abliegeübung verwendet wird.

An den folgenden Tagen dieser dritten Woche bei Ihnen üben Sie das „Platzzz" weiter auf diese Weise *ohne* Leckerle, aber wenn es beim ersten Versuch sehr gut war, beenden Sie die Übung. Auf keinen Fall mehr als 2-mal hintereinander üben, denn ohne Leckerle ist es u. U. für den Welpen nicht mehr so lustig und Sie dürfen ihn niemals überfordern.

Mit der 3. Woche beginnt Ihr Fulltimejob für den Welpen, denn er darf seine einzelnen Übungen ja nicht so geschwind hintereinander absolvieren, sondern Sie müssen zeitlich große Pausen dazwischenlegen, damit sich das Geübte und Gelernte festsetzen kann. Führt man die Übungen alle hintereinander „nach Feierabend" durch, lernt der Welpe nicht nur nichts, sondern er kommt auch ganz durcheinander. Vergessen Sie nicht, selbst erwachsene Hunde müssen neue Übungen abschnittweise lernen, sonst geht das einfach nicht.

Das Übungsprogramm daheim sieht z. B. so aus: Vormittags Leinenführigkeit mit „Sitz". Dann spielen, schmusen, fressen, schlafen. Nachmittags Leinenführigkeit und „Platz", dann spielen, schmusen, fressen, schlafen bzw. „Ausflug".

Nachts neben dem Bett seines Meisters, aber angeleint!

Der Welpe beansprucht Sie mehr oder weniger den ganzen Tag und manchmal auch noch nachts, nämlich dann, wenn Sie ihn sinnvollerweise mit einer Leine so an Ihrem Bettrost befestigt haben, dass er sein gemütliches Lager neben Ihrem Bett nicht verlassen kann. Wenn er nun dringend ein „Geschäft erledigen" muss, wird er nicht sein Lager beschmutzen, sondern er wird Sie irgendwie wecken. Dann springen Sie aus dem Bett, nehmen den Welpen unter den Arm, leinen ihn ab, schlüpfen in die Pantoffeln und einarmig in den Morgenmantel und gehen mit ihm in die Nacht hinaus. Nebenbei loben Sie ihn immer für das Melden.

Draußen wird er abgesetzt mit den freundlichen Worten „Mach schnell", das Zauberwort verwenden Sie vor dem Lösen und während des Lösens. Erst wenn „alles" erledigt ist, loben Sie ihn wieder, wie toll er ist. Auch dieses „Mach schnell" wird geprägt, so dass der Welpe als erwachsener Hund in einer fremden Stadt an der Leine sich da löst, wo Sie es ihm gestatten mit ebendiesem Zauberwort (s. Merkblatt „Tips für die ersten Tage").

Komm-Signal

Noch während der dritten Woche, in der der Welpe bei Ihnen ist, haben Sie die Futterschüssel in verschiedene Ecken des Gartens mitgenommen. Während ein Helfer den Welpen (bei offenen Türen!) im Haus hält, rufen Sie „Hier!" oder Sie pfeifen einmal „Tü, Tü" (mit der schmalen Seite Ihrer Hornpfeife) aus dem Garten. Das Orten und Finden von drinnen nach draußen ist schon ein erheblicher Lernvorgang für Gehör, Augen und Nase. Lassen Sie Ihrem Welpen Zeit, Sie zu finden, schieben Sie auf keinen Fall gleich einen zweiten Pfiff nach, sondern warten Sie auch hier wieder, bis der Welpe seine Sinne koordiniert hat und Sie jedes Mal schneller findet. Sie sollten darüber hinaus noch weiter auch während des Fressens einmal „Tü, Tü" pfeifen bzw. „Hier!" rufen.

4. Woche, der Welpe ist 10 bis 11 Wochen alt

Das Hörzeichen, verbunden mit Sichtzeichen,

darf jetzt schon beim täglichen „Ausflug" in Form eines Spiels angewendet werden. Vergewissern Sie sich zunächst, dass ringsum keine Ablenkung für den Welpen da ist. Dann hält wiederum ein Helfer den kleinen Kerl. Sie halten Letzterem einen Leckerbissen vor das Näschen und entfernen sich danach schnell, ca. 20 m sichtig, um von da – gleichzeitig mit Sichtzeichen – zu pfeifen oder zu rufen, d. h., Sie stehen aufrecht, strecken den linken oder rechten Arm in Schulterhöhe weg und gleichzeitig mit dem Pfiff schlagen Sie Ihre linke bzw. rechte Hand an die Hosennaht. Zögert Ihr Welpe zu kommen, machen Sie sich klein, indem Sie in die Hocke gehen und ihn so erwarten, um ihm das Leckerle zu geben

122

und zu loben. Dieses Spiel kann man ruhig täglich 3–4-mal wiederholen, um das neue Sichtzeichen (das im Laufe der nächsten Wochen deutlich verkleinert wird) dem Welpen einzuprägen.

Schwimmen

Jetzt, mit ca. zehn Wochen, wird es für den Welpen auch Zeit zu schwimmen.

Natürlich kann jeder Welpe schwimmen, aber er weiß es noch nicht und traut sich u. U. auch gar nicht so ohne weiteres in das tiefe Wasser.

Ihr Welpe findet bestimmt Gefallen an jeder Pfütze und ähnlichem Gewässer. So müssen Sie jetzt nur noch einen weiteren Schritt tun: Am besten ziehen Sie dazu kurze Hosen und Plastiksandalen oder Watt-Stiefel an. Dann marschieren Sie allein(!) mit Ihrem Welpen durch einen Bach, der in der Mitte genügend Tiefe hat. Nehmen Sie außerdem einen verführerisch duftenden Trockenfisch in die Hand und vor das Welpennäschen, denn sobald der Welpe merkt, dass er keinen Boden mehr unter den Füßen hat, brauchen Sie oftmals die Überredung durch den Fisch oder durch Auslösen der Verlassenheitsangst. Letzteres, indem Sie sich einfach ans andere Ufer begeben, von dort erst nochmals locken, dann aber *ruhig* dastehen und warten, bis sich der fiepende, hüpfende Welpe ins Tiefe traut und nachschwimmt. Wenn er danach auch wieder mit Ihnen unter großem Lob und Fischkauen zurückschwimmt, weiß er, dass er schwimmen kann. Ein neues Erlebnis, welches das Leben eines jeden Hundes ungeheuer bereichern wird.

Sitz mit Pfeife

Drei Wochen lang hat Ihr Welpe das Hörzeichen „Tü, Tü" mit „Fressen beim Meister" verbunden. Jetzt soll er das spätere Stopp-Signal kennen lernen. Dazu folgende Vorübung:

Wieder nehmen Sie im Raum den Welpen an die Leine, gehen ein paar Schritte, halten an, die Pfeife ist schon fest im Mund, zeigen Ihr Sitz-Zeichen (erhobener Zeigefinger) und lassen *einen* lauten, lang gezogenen Pfeifton ertönen. Warten, kein Wort! Hat der Welpe das Sichtzeichen nicht richtig beachtet, wird er mit Kopfdrehen etc. das Futter suchen. Wiederholen Sie dann

„Tüüüüüüüü" und Handzeichen, jetzt wird er sich sichtlich „enttäuscht" setzen. Er beginnt zählen zu lernen: 2× „tü" (tü, tü) = Meister und Futter, 1× „tüüü" = Sitzen. Noch zweimal repetieren Sie diesen Sitzpfiff, gleich danach und mit viel Lob, dann wird wieder gespielt.

Das Abliegen

Ihr Welpe ist wieder im Raum angeleint und hat schon über sieben Tage das „Platz" geübt. Jetzt soll er Ihr Handzeichen akzeptieren, ohne dass Sie die Hand am Boden entlangführen, d. h.: Sie bleiben stehen, lassen die Leine leise zu Boden fallen, fixieren diese mit Ihrem linken Fuß und zeigen nun über und vor den Augen des Welpen das Handzeichen, zusätzlich sagen Sie das Hörzeichen „Platzzz". Warten.

Setzt sich Ihr Welpe und denkt, dass das genügt, gehen Sie sofort mit ihm nur zwei Schritte mit dem Hörzeichen „Fuß" weiter und wiederholen den o. g. Vorgang. Das kann durchaus ein paar Mal nötig sein, bis sich Ihr Welpe wirklich hinlegt. Helfen Sie ihm nicht dabei, er muss es selber „über den Kopf" erarbeiten, dann erst weiß er, was Sie wollen. Also auch hier: Geduld, Ausdauer und Freundlichkeit führen mit Sicherheit zum Ziel.

Der Welpe liegt. Nun lassen Sie ihn ruhig (unter Lob) 1/2 bis 1 Minute liegen, dann nehmen Sie seine Leine in die linke Hand (Ihr Welpe liegt hoffentlich links neben Ihnen...), zeigen ihm Ihren erhobenen Zeigefinger der rechten Hand und sagen ihm freundlich „Siiitz" – wie früher.

Merke: Für das Sitzen nach dem Abliegen *niemals* die Pfeife verwenden. Der Sitz*pfiff* ist ein Stopp-Signal, während das Aufsitzen nach dem Abliegen eine „Erlösung" aus dem Platz ist. Es wird deswegen nur freundlich und aufmunternd gesprochen. Trotzdem achten Sie darauf, dass der Welpe wirklich sitzt und nicht gleich aufspringt, indem Sie beim Loben sein Hinterteil leicht unten halten.

In dieser Woche üben Sie das „Platzzz" täglich 2–3-mal und gehen dabei mit der Hand immer ein wenig höher, so dass Sie zuletzt aufrecht stehend das Handzeichen in Hüfthöhe anwenden können. Achten Sie darauf, dass Ihr Welpe das Handzeichen anschaut und nicht nur Ihr „Platzzz" hört. Sie sollten nämlich im

Erstes Apportieren im Flur
ohne Ablenkung.

„Hände weg vom Dummy!"
beim Empfang des Welpen.

Laufe der kommenden Woche bereits die Hör- und Sichtzeichen voneinander getrennt, also jedes für sich allein, verwenden. Das gilt für alle Übungen, wenngleich Sie hauptsächlich kombiniert angewendet werden.

5. Woche, der Welpe ist 11 bis 12 Wochen alt

Apportieren

Ihr Welpe ist jetzt 11 bis 12 Wochen alt und die stark prägende Sozialisierungsphase wird deutlich schwächer, also muss jetzt noch das **Apportieren** prägungsähnlich angelegt werden.

Am besten benützen Sie dazu ein Welpenapportel (ca. 200 g) und begeben sich mit Ihrem unangeleinten Welpen in einen möglichst langen, schmalen Flur. Im Flur ist üblicherweise die geringste Ablenkung, so dass sich das Hin- und Zurücklaufen für den Welpen fast von alleine ergibt. Sie sind in der Hocke, auf den Knien oder im Langsitz und machen mittels „Mäuschen-Spiel" den Welpen auf das Apportel heiß. Wenn er richtig wild ist auf das Ding in Ihrer Hand, schleudern Sie es ein Stück über den Boden (nicht hochwerfen) und lassen ihn hinterherhoppeln. Im Moment, indem er das Holz oder Dummy in den Fang nimmt, sagen sie auffordernd freundlich „Apport!" oder „Bring!".

Lassen Sie dem kleinen Kerl das Apportel, wenn er zurückgekommen ist (Hände weg vom Holz!/Dummy!); streicheln und loben Sie ihn in den höchsten Tönen dafür, dass er es hält und bei Ihnen ist. Nach ausführlichem Lob können Sie das Holz/Dummy sanft und kommentarlos aus dem Fang nehmen und gleich wieder wegrollen lassen. Der Vorgang wiederholt sich (zweimal genügt).

Ein drittes Mal können Sie bei einem beutegierigen Welpen das Aufhören verschönern, indem Sie das Apportel gegen ein nicht sehr wichtiges Spielzeug austauschen; dieses muss er auch zurückbringen, aber Sie geben es ihm nach dem Abnehmen wieder in den Fang und er darf sich damit trollen. Das „Abhauen" mit einem Apportel darf jedoch nie zugelassen werden, deswegen machen Sie das Austauschspiel auch höchstens eine Woche lang, danach wird nach dem zweiten Mal aufgehört. In diesem Fall leint man dann den Welpen an und lässt ihn das Holz/Dummy bis zum Aufbewahrplatz tragen. Dort legt man es für den Welpen unerreichbar ab. Auch während des Tragens muss der Welpe entzückt gelobt werden.

Üben Sie so lange im Flur, bis Sie das Gefühl haben, der Vorgang „retrieve" ist automatisiert, dann verlagern Sie das Apportieren in einen größeren Raum (das Welpenlager darf nicht erreich-

„Sitz – bleib", erster Versuch.

Korrektur beim unerwünschten Aufstehen „Nein!"

Lob fürs Sitzenbleiben.

Spielen beendet die Übung.

bar sein!) und setzen sich in den Türrahmen, so dass Sie auch hier ein An-Ihnen-Vorbeigehen des Welpen mit dem Apportel verhindern können.

Beim Apportieren ergibt sich die Steigerung fließend, deswegen beschreibe ich das Apportieren für Welpen hier zu Ende, auch wenn es in die nächsten Wochen bei Ihnen hineingreift.

Halten Sie einen begeisterten Welpen schon früh neben Ihnen, zählen Sie 1–2 Sek., erst dann darf er das geworfene Holz/Dummy unter „Apport!" oder „Bring!" – jetzt schon beim Start besprochen – wieder zurückbringen. Ihr Welpe sollte Ihnen das Apportel am besten in den Schoß drücken, wo Sie es dann unter Lob abnehmen können.

Lässt die Begeisterung aus irgendeinem Grund nach (Zahnwechsel, Vorsicht!), legen Sie ein paar Tage Pause ein. Aber niemand darf Ihrem Welpen dann irgendetwas anderes werfen (Ball, Stock etc. – alles ist tabu). Nimmt er jedoch von sich aus Gegenstände auf, wird er fürs Tragen gelobt, dies umso mehr, wenn er womöglich den Gegenstand zu Ihnen bringt. Lassen Sie sich aber nicht verleiten, diesen Gegenstand zu werfen – das Apportier-Spiel machen Sie nur mit dem Holz/Dummy.

Die Freude am Apportieren ist wieder da. Sie sind wieder in der Hocke und versuchen jetzt, ob der Kleine das Apportel beim Zurückkommen festhält, wenn Sie ihn vorsichtig zum Vorsitzen animieren. Sehr oft klappt es – genauso häufig aber auch nicht. Im letzteren Fall warten Sie noch ein, zwei Wochen und versuchen das Vorsitzen dann noch einmal.

Nach einiger Zeit haben Sie genügend Sicherheit beim Apportieren im Haus, also gehen Sie mit dem an einer langen, leichten Schnur befestigten Holz/Dummy ins Freie. Am besten ist ein schmaler Weg (im Garten oder ganz draußen), da werfen Sie das Apportel am ersten und zweiten Tag sichtig. Später werfen Sie es am Ende des Weges in tiefes Gras, Gebüsch o. Ä., so dass der Welpe danach suchen muss, aber machen Sie es am Anfang nur so, dass es gleich gefunden werden kann. Die Schnur am Holz/Dummy verhindert, dass Ihr Welpe mit der spannenden Beute vielleicht doch weglaufen könnte.

Wechseln Sie nach Möglichkeit die Übungsplätze für das Apportieren. Die weiteren Apportiermöglichkeiten gehören bereits in einen Anfängerkurs für Begleithunde bzw. später zum Dummy-Training.

Sitz und Bleib

Die Sitz-Übung wird wie in der letzten Woche durchgeführt, vorzugsweise mit Stopp-Pfiff. Sie behalten Ihr Handzeichen sichtbar für den Welpen bei. Dann begeben Sie sich mit der lockeren Leine in der Hand vor den Welpen. Sollte er dabei aufstehen, korrigieren Sie mit „Nein!" und wiederholen Ihr Hörzeichen „Siitz" oder pfeifen „Tüüüü", um ihn daran zu erinnern, dass Sie bisher noch nichts anderes gesagt haben. Jetzt bleibt er sitzen, Sie stehen mit der lockeren Leine in der Hand vor dem Welpen (es darf wirklich kein Zug entstehen!), Sie zählen innerlich bis zehn und gehen danach an seine rechte Seite zurück. Nochmals bis zwei zählen, loben, dann richten Sie sich wieder auf – er sitzt hoffentlich noch – zählen wieder bis zwei und gehen dann mit dem Hörzeichen „Fuß" ein paar Schritte weiter, um die Übung zu wiederholen.

Hat der Welpe das Sitzenbleiben nach zwei bis drei Tagen erfasst, legen Sie seine Leine vorsichtig auf den Boden und entfernen sich wie oben, aber etwas weiter weg. Die Entfernung darf nur meterweise, also nicht zu schnell, vorsichtig vergrößert werden. Hören Sie täglich nur mit Erfolg auf, auch wenn Sie zwischendurch auf Leinenlänge zurückgehen müssen.

Leinenführigkeit (Übung für draußen)

Die Leinenführigkeit Ihres Welpen probieren Sie nun auf diversen Böden, wie z. B. auf kurzem Gras, Asphalt, Waldboden, Kieselsteinen oder Sandboden.

Dazu üben Sie ein bisschen Slalom um in einer Reihe stehende Bäume oder Pfosten.

Für den *Slalom* nehmen Sie anfangs ausnahmsweise die Leine stark gekürzt nur in die linke Hand und locken mit der rechten Hand vor dem Näschen (ohne Leckerle) Ihren Welpen einmal rechts und einmal links um das Hindernis herum. Zerren Sie ihn nicht vorwärts, sondern „überreden" Sie ihn mitzugehen. Vier bis fünf Pfosten reichen am ersten Tag, dann gehen Sie mit normaler Leinenhaltung ein paar Meter geradeaus und zeigen ihm da die sogenannte

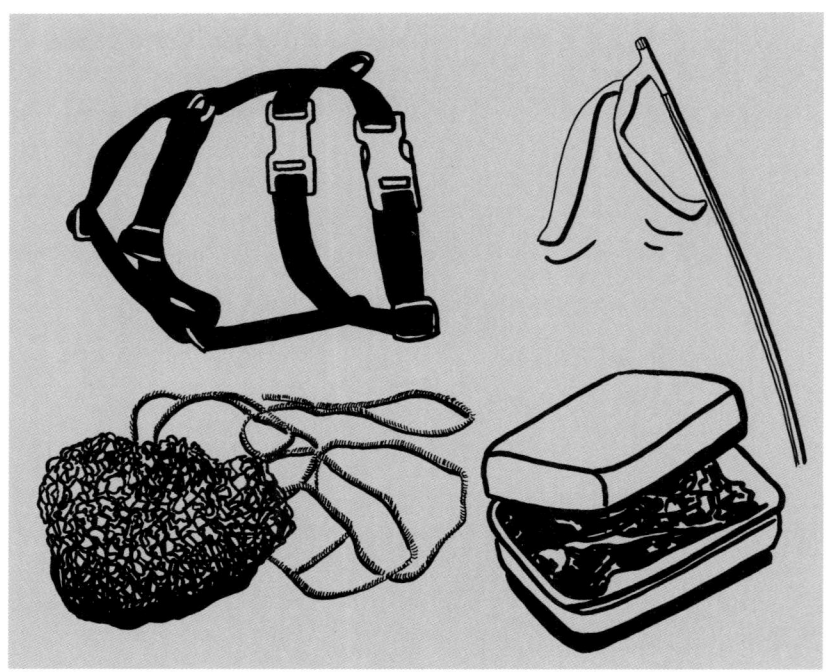

Welpen sollten nur mit dem Brustgeschirr suchen.

Schon die erste „Fährte" beginnt mit dem Abgangsstöckchen.

Zum Schleppen und Tupfen dient ein mit Pansen gefülltes Orangennetz an langer Schnur.

Am Ende findet der Welpe eine mit leckerem Pansen gefüllte (noch) offene Seifenschale.

„Sportliche Kehrtwendung" (Übung für draußen)

d. h., Sie wollen umdrehen, und zwar um 180°. Die Leine ist also wieder in der rechten Hand und Sie treten mit dem linken Fuß um 90° nach links zwischen Leine und Welpe, dann stellen Sie den rechten Fuß an. Dadurch sind Sie auf halbem Weg in die Gegenrichtung und übergeben nun hinter Ihrem Rücken die Leine in die linke Hand und locken gleichzeitig den Welpen mit. Ebenfalls gleichzeitig stellen Sie Ihren linken Fuß um weitere 90° nach links und treten mit dem rechten Fuß daneben. Der Welpe ist bei zügigem Vorgehen fast automatisch an Ihrer linken Seite gelandet. Sie nehmen jetzt wieder die Leine in die rechte Hand, gehen einige Meter geradeaus und versuchen das Gleiche nochmals.

Damit es wirklich zügig geht, wenn Sie es mit Ihrem Welpen üben, empfehle ich Ihnen, ein Stofftier an die Leine zu nehmen und den Vorgang „kehrt" vorher als „Trockenübung" zu probieren.

6. Woche, der Welpe ist 12 bis 13 Wochen alt

Fährten

Spätestens mit 12 Wochen beginnen die Welpen mit der Nasenarbeit. Das Ausbildungsfach „Fährten" ist für den Hund und seinen Besitzer ein zusammenschweißendes Erlebnis, ganz gleich, ob es spaßeshalber oder mit dem Fernziel der anspruchsvollen Fährtenhundprüfung geübt wird.

Beginnen Sie ruhig schon mit Ihrem 10 bis 12 Wochen alten Welpen; je früher er lernt, seine Nase einzusetzen, desto sicherer wird er damit.

Am Anfang benötigen Sie:

- 1 Brustgeschirr (das vom Autofahren)
- 1 Orangennetz (oder Ähnliches)
- etwas frischen Pansen oder gekochte Innereien
- 1 Stöckchen, ca. 60 cm lang, mit einem flatternden Band am Ende
- 1 kleine Schüssel mit Deckel (z. B. Seifenschale)

Bei den ersten Malen sollte ein Helfer dabei sein.

Sie gehen dann also zu einer Wiese mit 10–20 cm hohem Gras, möglichst ohne Mauslöcher oder herumliegendes Obst. Ziehen Sie Ihrem Welpen zunächst das Brustgeschirr an, das ist wichtig, denn er muss von Anfang an den Unterschied zur Leinenführigkeit mit der am Halsband befestigten Leine bemerken können, d. h.: Am Halsband geführt, geht der Welpe brav links neben seinem Meister, und zwar ohne zu ziehen. Am Brustgeschirr angebunden geht er dann voraus, darf sogar ein klein wenig ziehen.

Der Helfer hält Ihren Welpen so, dass dieser sehen kann, was Sie tun:

Sie nehmen ein Stück Pansen und legen es in das Netz, welches Sie mit einer Schnur zuziehen. Kleine Stücke Pansen brauchen Sie für den Abgang (= den größer getretenen Beginn der Fährte). Ein, zwei Stückchen für unterwegs, den Rest Pansen legen Sie in die Schüssel. Am besten, Sie ziehen dazu wenigstens einen Plastikhandschuh an, so dass kein Geruch an Ihren Fingern haftet. Ihr Welpe ist aufgrund der Duftwolke sehr interessiert an dem, was da passiert.

Sie entfernen sich jetzt so 5 m und stecken links neben sich das Fähnchen. Jetzt treten Sie das Pansennetz an der Schnur hängend fest auf den 1 m^2 großen Abgang und verteilen außerdem zwei Bröckchen auf dieser Fläche. Dann gehen Sie mit dem Pansennetz unter einem Fuß mit engen Schritten 2 m weiter, da legen Sie das nächste Bröckchen ab. Nach weiteren 4 m wieder eines, und dann nach 5 – 6 m stellen Sie die gefüllte Schale hin. Mit einem großen Schritt beenden Sie diese erste Futterspur und kommen im großen Bogen zurück zu Ihrem Welpen.

Zunächst ziehen Sie Ihren Handschuh aus und legen ihn weit weg. Das ist wichtig, denn wenn Sie dem Welpen mit der Hand zeigen, dass er das Näschen runternehmen muss, soll er am Boden den guten Duft finden und nicht an Ihrer Hand.

Mit dem am Geschirr angeleinten Welpen gehen Sie zum Abgangsfähnchen. Sie stellen sich direkt neben ihn und zeigen mit der rechten Hand an seiner Nase vorbei zum Boden. Jetzt sagen Sie zum ersten Mal aufmunternd „Such". Achten Sie darauf, dass die Abgangsstelle gut abgesucht wird, lassen Sie ihn alles in Ruhe fressen.

Eventuell müssen Sie jetzt noch einmal mit der Hand die Weiterführung der Spur andeuten, diesem Geruch folgt der Welpe ganz gern und die nächste Belohnung kommt ja schon nach zwei Metern. So geht es weiter bis zur Schüssel, die er von nun an immer am Ende als Belohnung vorfinden wird. Dieses Fährtenende wird Ihrerseits mit riesigen Freuden- und Lobesrufen begleitet.

Sie verstehen, dass es sinnvoll ist, das Fährten vor einer Mahlzeit durchzuführen. Eine Mahlzeit am Tag bekommt der Welpe dadurch im Freien.

Drei Tage hintereinander können Sie so vorgehen, evtl. jedes Mal 5 m weiter.

132

Sicherheitsabstand beim Kampfspiel

Anleinen ist angesagt

Bei Wind und Wetter findet der Trödelspaziergang statt

Das Bürsten genießen auf dem Pflegetisch

Wenn's draußen ungemütlich ist, findet der zweite Teil des PST im Haus statt

Auf zum Prägungsspieltag!

Auch das Verweisen lernt der Welpe gleich mit den später geforderten Gegenständen: Handschuh, Brieftasche, ein Stück Teppichboden, ein zusammengeknoteter Socken, ein Schlüsseletui.

Ab dem 4. Tag treten Sie das mit Pansen oder anderem gefüllte Netz nicht mehr in das Gras, sondern Sie ziehen es nur noch dicht zwischen Ihren Füßen auf der Spur. Die Bröckchen am Abgang sind noch da, aber sonst gibt es vor der Schüssel nur noch ein Stück zu finden. Weil diese Umstellung für den Welpen eine Erschwernis bedeutet, wird die Spur wieder etwas kürzer. Hat das gut geklappt, wiederholen Sie es bei leichter Verlängerung der Fährte noch zwei Tage (immer nur *eine* Fährte am Tag!). Legen Sie einen Tag Pause ein. Ab jetzt kann der Welpe im Auto warten, wenn Sie die Spur legen. Er weiß auch ohne zuzuschauen, worum es geht, sobald er Sie mit den ganzen Utensilien verschwinden sieht.

Steigern Sie nun die Schwierigkeit, indem Sie von der obigen Futterschleppe auf eine Tupfspur übergehen. Das bedeutet, dass das Pansennetz nach dem deutlichen Abgang nur noch jeden 5., 6. Schritt auf das Gras getupft wird.

Das Näschen Ihres Welpen ist jetzt schon gut auf das Suchen vorbereitet. Es kann sein, dass er beginnt, nach vorn zu stürmen, also zu schnell und zu heftig ziehend zu suchen.

Dies ist der Zeitpunkt, das Ganze deutlich zu erschweren, d. h., Sie verwenden weniger stark riechendes Futter, nämlich einfach gekochtes Rindfleisch, von dem aber auch am Abgang zwei oder drei Bröckchen liegen, diese sind kaum größer als Katzenfutter! Ein Ministück legen Sie noch auf die Spur, am Ende findet er die bereits *zugedeckt* wartende Futterschüssel.

Mit jedem Suchvorgang werden die Tupfer weiter auseinander-gezogen. Der Welpe muss sich jetzt schon an dem Geruchsbild der Bodenzerstörung, die Sie durch Ihr Auftreten zustande bringen, orientieren.

Der Geruch der durch Ihren Tritt veränderten Bodenstruktur ist das, was der Fährtenhund verfolgen muss. Die zum besseren Verständnis nötige Theorie sollten Sie bitte in entsprechenden Fachbüchern nachlesen, z. B.: „Der leistungsstarke Fährtenhund" von Manfred Müller im Verlag Oertel + Spörer. Hier auf den fantastischen Geruchssinn des Hundes und die chemische Veränderung des Bodens einzugehen, würde den Rahmen meiner Welpenerziehung sprengen.

Verweisen von Gegenständen

Zum regelgerechten Fährten gehört auch das Anzeigen (Verweisen) von Gegenständen, die der Hund auf die Fährte gelegt bekommt und finden muss.

Dieses Verweisen kann auf mancherlei Art geschehen, beim Welpen empfiehlt sich aber unbedingt das „Sitz". Deswegen beschreibe ich auch nur diesen Vorgang.

Mit ca. 14 Wochen befolgt Ihr Welpe, der nach dem vorliegenden Erziehungsplan geübt hat, das Hörzeichen „Sitz" zuverlässig. Somit können Sie **parallel** zur Nasenarbeit das Verweisen von Gegenständen beginnen.

Sie benötigen vier Gegenstände:

- 1 zusammengeknoteter Socken
- 1 altes Portemonnaie
- 1 Stück Teppichboden
- 1 Stück speziell dafür geschnitztes Holz
  sowie kleine Stücke milden Käse oder kleine dünne Wurstbröckchen

Während Ihr Welpe im Auto wartet, legen Sie die vier Gegenstände am besten auf einem geteerten Feldweg im Abstand von 3 m nacheinander auf den Boden und auf jeden zusätzlich eins der vorbereiteten Leckerle, die restlichen behalten Sie in der Tasche.

Wieder trägt Ihr Welpe das Brustgeschirr, aber dieses Mal geht er locker neben Ihnen, und Sie führen ihn direkt vor den ersten Gegenstand. Jetzt heißt es „Such", seine Nase geht runter zum Leckerle, welches er frisst. In dem Moment sagen Sie ganz bestimmt „Sitz". Während er sitzt, nehmen Sie den Gegenstand auf (mit vielen begeisternden Worten), der Welpe muss darauf aufmerksam werden. Der Gegenstand wird von Ihnen noch richtig hochgehoben, der Welpe muss immer noch sitzen, dann stecken Sie den Gegenstand ein und holen ein weiteres Leckerle aus der Tasche. Dieses bekommt der Welpe für das Sitzenbleiben.

Jetzt gehen Sie gemeinsam zum nächsten Gegenstand, und die gleiche Prozedur wird wiederholt, insgesamt also viermal. Diese schöne Übung machen Sie noch zwei Tage genauso, aber bitte noch nicht direkt vor oder nach einer Fährte. Empfehlenswert ist Nasenarbeit vormittags und das Gegenständeverweisen später am Tag. Bitte wechseln Sie auch unbedingt täglich das Gelände!

Die Leckerle, die auf den Gegenständen liegen, werden nun langsam abgebaut, d. h., nur auf jedem 2. Gegenstand liegt etwas. Aber für das Sitzen und Sitzenbleiben, während Sie den Gegenstand aufheben und einstecken, gibt es immer (bis zur Prüfung...) ein Leckerle. Das kann und soll später klein wie Katzenfutter sein, um den Geruchssinn nicht zu beeinträchtigen.

Sobald Ihr Welpe bei dieser Übung vor dem Gegenstand, auf dem kein Leckerle mehr liegt, ohne Hörzeichen, also von alleine, sitzt, ist der spannende Zeitpunkt gekommen, wo Sie die beiden Aufgaben (Suchen und Verweisen) miteinander verbinden können.

Wenn Ihr Welpe 16 Wochen alt ist, sucht er eine gerade oder gebogene Spur von 50–60 m. Diese ist nun auch nicht mehr getupft, sondern nur beim Abgang findet er noch ein, zwei Stimulanzien zum „Nase-Runternehmen", um den Abgang sauber abzusuchen. Schon nach 5 m Nasenarbeit findet er einen seiner Gegenstände. Dieser sollte so gelegt worden sein, dass er für den Welpen unsichtbar in einer Mulde liegt. Wenn Sie Glück haben, setzt sich Ihr Welpe auch jetzt von alleine erwartungsvoll hin – sonst sagen Sie nochmals freundlich „Sitz". Dann nehmen Sie wie früher den Gegenstand auf, heben ihn hoch, stecken ihn in die Tasche und befördern ein Mini-Leckerle daraus von unten ins

Nach zwei bis drei Wochen toleriert der abgelegte Welpe den vor ihm hin- und herpendelnden Führer.

Mäulchen. Der Welpe sollte nicht daran riechen, sondern es einfach reingeschoben bekommen.

Zwei Gegenstände auf der Fährte und am Ende die Futterschüssel, das hält das Suchen in diesem Alter attraktiv.

Jetzt ist es langsam Zeit, dass Sie sich mit Ihrem gut aufgebauten Junghund einem erfahrenen Fährtenhundausbilder anvertrauen. Diesem schildern Sie die bisherige Vorgehensweise und machen deutlich, dass Sie bei dem geprägten „Sitz-Verweisen" bleiben wollen. Dann kann es losgehen, dass auch Sie in die hohe Kunst des Fährtenlegens und Fährtenlesens eingewiesen werden.

Die Theorie aus Büchern ist zum Fährten immer wichtig, aber die Praxis unter bewährter Anleitung ist unerlässlich.

Platz – bleib

Ihr Welpe legt sich auf einmaliges Hör- und Sichtzeichen schon selbstverständlich hin, er toleriert, dass Sie aufrecht neben ihm stehen und dass er für das Hinliegen *nicht* mehr gelobt wird. Dann können Sie jetzt auch vor ihn treten, sogar vor ihm hin- und herpendeln, dabei immer das Handzeichen beibehalten. Gehen Sie noch nicht wirklich weg, denn Sie müssen das Aufstehen verhindern, indem Sie nötigenfalls mit großer Hand seine Schultern runterhalten und „Nein!" zischen und sich dann wieder aufrichten. Schon heute muss er korrekt lernen, dass er niemals selbstständig aufstehen darf. Sie gehen also nach kurzem Liegenbleiben wieder neben Ihren Welpen (so dass er an Ihrer linken Seite liegt), warten einen Moment (1, 2 zählen), sagen und zeigen „Sitz". Sitzt er, warten (1–2 Sek.), fest loben, aber so, dass er dabei sitzen bleibt. Dann richten Sie sich wieder neben ihm auf – warten (2 Sek.); Hörzeichen „Fuß" für ein paar Schritte, evtl. 1-mal die Platz – bleib-Übung wiederholen. Danach muss der Welpe auf jeden Fall doll schmusen oder spielen dürfen, er bekommt jedoch keine Leckerle mehr in Verbindung mit der Platz-Übung!

Als gute Verstärkung dieser Platz – bleib-Übung hat es sich bewährt, den Welpen z. B. am Abend beim Lesen oder Fernsehen kurz angeleint neben sich auf dem Boden abzulegen. Er wird entspannt und gemütlich liegen, denn er darf ganz in Ihrer Nähe sein. Vergessen Sie nicht, ihn aus der Abliegeposition regelgerecht zu entlassen, wenn Sie Ihren Sessel verlassen. Auch wenn er tief zu schlafen scheint, wird er es schnell merken, dass sein gemütliches Kopfkissen, nämlich Ihre Füße, nicht mehr da ist, und er wird selbstständig aufstehen, um Ihnen zu folgen oder etwas anderes zu tun. Das künftige Fehlverhalten würde somit eingeleitet.

Lockeres Alternativ-Signal „Hinlegen"

Wenn Sie Ihren Welpen nur mal „so" ablegen wollen, wählen Sie einfach ein unverbindliches Wort wie „Hinliegen", „Schlafen" o. Ä., Ihr Welpe lernt schnell den Unterschied zwischen Muss und lediglich einer Empfehlung, aus der er sich auch wieder entfernen kann.

Versteckspiel mit Vorsitzen

Das sieht so aus: Ein Helfer hält Ihren Welpen um den Brustkorb, ohne sich sonst mit ihm abzugeben, denn der Welpe soll sich konzentrieren. Sie laufen also schnell 50–70 m weg und verstecken sich, Ihr Hörzeichen ertönt, der Helfer lässt den Welpen los und dieser findet Sie bestimmt schnell. Sie haben ein Leckerle mitgenommen und führen dieses dem angekommenen Welpen so geschickt vor das Näschen, dass er erst daran kommt, wenn er (zufällig) sitzt. Im Sitzen bekommt er es, er wird gelobt dabei und manchmal auch wieder angeleint.

Bei diesem Vorsitzen ist es wichtig, dass Sie weder ein Sicht- noch ein Hörzeichen geben, um ihn zum Sitzen zu animieren, der Welpe soll es einfach tun, um an das Leckerle heranzukommen. Ein gesprochenes oder gezeigtes „Sitz" wird das Herankommen des Welpen schon beim nächsten Mal verlangsamen. Er soll aber immer freudig und schnell nah zu Ihnen kommen. Das erreichen Sie sicher mit dieser Methode.

7. Woche, der Welpe ist 13 bis 14 Wochen alt

Platz – bleib, außer Sicht

Die bisherigen kleinen Grundübungen werden nun ganz langsam ausgedehnt, aber noch immer gilt: Neues kann der Welpe nur für sich alleine lernen, d.h., ohne Ablenkung im Raum und ohne vorher oder nachher andere Übungen zu machen.

„Platz – bleib, außer Sicht" ist also die neue Aufgabe, die konzentriert z. B. am Vormittag durchgeführt werden sollte. Der Welpe kommt (wie immer) an die Leine, geht ein paar Meter korrekt mit Ihnen im Zimmer. Auf das Hörzeichen „Platzzz" und das Handzeichen legt er sich hin und Sie gehen langsam rückwärts, das Handzeichen beibehaltend, aus der Tür und verschwinden so hinter der Wand, dass Sie gleich vorspicken können, um das eventuelle Aufstehen zu verhindern.

Waren Sie zu langsam und der Welpe kommt Ihnen nach bzw. entgegen, beginnen Sie die Übung ganz von vorne, also: Leinenführigkeit – Platz – verschwinden. Nur für 1 bis 2 Sekunden verstecken, dann langsam wieder zurück zum Welpen; neben ihm

Oben links: „Sitz" auf Entfernung: Ein Helfer sichert den Welpen an langer Schnur.
Oben rechts: Der vorausgegangene Besitzer gibt das Hörzeichen „Sitz". Dem unsicher
um sich schauenden Welpen hilft der Helfer mit seinem Handzeichen.
Unten links: Der Welpe sitzt und wird freundlich, unter Beibehaltung des Handzeichens,
von seinem Besitzer abgeholt...
Unten rechts: ...und natürlich toll gelobt!

stehen und sitzen lassen. Einen Moment verharren und dann rie-
sig loben. Diese Übung kann 2–3-mal wiederholt werden, solange
das Verschwinden nur Sekunden dauert.

Sind Sie bei 1 Minute angelangt oder können Sie bereits durch die ganze Wohnung wandern, während Ihr Welpe liegen bleibt, sollten Sie es bei 1-mal am Tag belassen. Allein gelassen zu werden bedeutet für einen Welpen mit Bindung immer Stress.

Wer mit Pfeife arbeitet, möchte sie jetzt auch gerne auf Distanz anwenden, den sogenannten „Stopp-Pfiff". Natürlich geht die folgende Übung auch mit Stimme:

„Sitz auf Entfernung" (Übung für draußen)

Sie brauchen einen Helfer, der mit dem Welpen an einer längeren Schnur hinter Ihnen her spaziert – der Welpe sollte sich frei fühlen. Wenn Sie 3–4 m von Ihrem Welpen entfernt sind, drehen Sie sich um, pfeifen laut „Tüüüüüü" oder rufen laut „Sitz" und zeigen sehr deutlich Ihr Handzeichen.

Ihr Welpe schaut, überlegt und will sich dann neben Sie setzen – wie er es bisher gelernt hat. Das muss der Helfer verhindern. Der Welpe soll ja nicht zu Ihnen, sondern sich genau da hinsetzen, wo er den Pfiff/Ruf gehört hat. Der Welpe sieht immer noch Ihr Handzeichen und setzt sich in der Regel hin, die Schnur lässt ihn nicht weiterlaufen. Sollte er herumzappeln oder fiepen, bleiben Sie einfach ganz ruhig mit Ihrem Handzeichen, bis er sitzt, oder Sie helfen ihm mit „Nein".

Er weiß, dass er beim Ertönen von „Nein" *nicht* das macht, was Sie gerade wollen. Behalten Sie auch jetzt das Handzeichen bei und gehen lobend auf ihn zu, stellen Sie sich neben ihn, warten, fest loben, stehen bleiben und mit einigen Schritten Leinenführigkeit („Fuß"), die Übung auflösen, dann ein bisschen laufen, spielen. Dieses „Sitz" auf Entfernung kann 3–4-mal wiederholt werden. Der Welpe freut sich sichtlich, wenn er es begriffen hat.

Nach ca. einer Woche, in der Sie das täglich geübt haben, lassen Sie den Helfer mit Ihrem Welpen *vor* Ihnen her spazieren. Aus einer geringen Entfernung von 3–4 m pfeifen oder rufen Sie „Sitz!" von hinten.

Wenn Sie einen fantastischen Arbeitshund haben, wird der sich einfach sofort hinsetzen und warten. Haben Sie einen normalen Hund, dreht er sich um und schaut (Handzeichen einsetzen) und setzt sich dann.

Mit ruhigem Lob, denn der Welpe muss sitzen bleiben, gehen Sie wieder an seine rechte Seite und loben ihn weiter wie oben beschrieben.

Die Distanz wird nun in kleinen Schritten vergrößert und bald können Sie es wagen, den Sitz- bzw. Stopp-Pfiff auch ohne Helfer einzusetzen, allerdings vorläufig bitte noch ohne Ablenkung!

„Tabu" – Schnappen nach Menschenhand

Beim gemeinsamen Füttern darf keine Aggression gegen Mensch und Welpe aufkommen!

Beim wöchentlich besuchten Prägungsspieltag hat Ihr Welpe bestimmt wieder bestes Sozialverhalten zeigen können, indem er das für alle Welpen gemeinsam angebotene Futter friedfertig, wenn auch gierig, verschlungen hat.

Sollte er dabei doch einmal einen anderen Welpen knurrend (hoffentlich nicht schnappend) angreifen, heben Sie ihn schnell und energisch am Nackenfell so hoch, dass alle Viere in der Luft sind, starren ihn an und sagen barsch: „Nein!". Dann stellen Sie ihn kommentarlos auf den Fressplatz zurück. Normalerweise reicht diese eine Lektion, wenn Sie sie richtig durchgeführt haben. – Dass Sie als Mensch während des Fressens mit der Hand vor allen Welpenschnäuzchen herumfahren dürfen, ist eine absolute Notwendigkeit. Die Menschenhand ist für den gut sozialisierten Welpen tabu.

8. Woche, der Welpe ist 14 bis 15 Wochen alt

„Renitenz" ist möglich

Er beginnt mit dem Zahnwechsel und gleitet schon langsam in sein Junghundalter hinein: Ab der 16. Woche ist er kein Welpe mehr. Sie merken es daran, dass er einerseits belastbarer ist, andererseits „renitent" wird. Sie sollten jetzt nicht viel Neues von ihm verlangen, aber alle Übungen nach draußen verlagern, d. h., die mindestens zwei Trödelspaziergänge täglich werden durch Übungseinlagen und anschließendes Toben abwechslungsreich gestaltet. Anfangs werden Sie immer wieder auf die gleichen Übungswiesen oder Waldwege gehen, um den Welpen in „Arbeitsstimmung" zu versetzen. Später wechseln Sie noch häufiger das Ziel Ihrer Spaziergänge und somit auch die Übungsplätze.

Übungen, die im Freien nicht funktionieren, versucht man nochmals im Haus. Aber auch da kann es sein, dass der Welpe, z. B. anstatt beim Hörzeichen „Platz" abzuliegen, nur hinsitzt oder stehen bleibt. Das ist dann altersbedingter Ungehorsam, den Sie sofort handgreiflich korrigieren müssen, dabei dürfen Sie auch einmal etwas lauter werden.

Korrektur am Beispiel „Nicht abliegen"

Sie stellen sich in diesem Fall *vor* Ihren Junghund (das ist er nun), heben mit Ihrer rechten Hand seinen linken Vorderlauf hoch und drücken *gleichzeitig* mit Ihrer linken Hand schnell und kräftig gegen seine rechte Schulterpartie, außerdem ertönt ein energisches „Platz!". Der Hund liegt jetzt auf der Seite und darf sich eventuell bis zur Bauchlage hochrappeln, aber hier wird er unten gehalten. Wenn er nun wirklich beeindruckt ist, wird er sich nur zögernd getrauen, auf „Sitz" wieder hochzukommen. Ermuntern Sie ihn dann einfach dazu. Wenn Ihr Junghund den erwünschten „will to please" hat, genügt ihm vorerst diese einmalige Korrektur. Sonst müssen Sie es hin und wieder, d. h. immer, wenn er nicht auf das Hör- oder Sichtzeichen abliegt, neu durchsetzen.

Dies ist *keine* Methode, um einem Welpen das Abliegen beizubringen! Es ist lediglich eine Korrekturmaßnahme beim Hund, der die Übung schon seit einigen Wochen selbstverständlich durchgeführt hat.

Komm-Pfiff oder Herbeirufen plötzlich ein Problem

Kam Ihr Welpe bisher draußen schon zuverlässig auf Ihr Hörzeichen zu Ihnen, stellt sich der Junghund überraschend „taub".

Bitte bleiben Sie vor allem noch beim Füttern eisern dabei, Ihr Hörzeichen „Tü-Tü" oder „Hier" anzuwenden.

Im Freien hängen Sie nun eine ca. 6 m lange leichte Schnur an das Halsband, die auch dranbleibt, wenn Sie die Leine ausklinken. Ihr Junghund läuft frei um Sie herum und kümmert sich wieder nicht um Ihr Rufen oder Pfeifen (in diesem Fall nützt auch kein Verstecken des Hundeführers). Also gehen Sie im seitlichen Bogen in die Nähe des Hundes, bis Sie auf der Schnur stehen. Auf dieser gehen Sie nun leise und schnell zum Junghund und nehmen ihn am Nackenfell hoch, wie beim Knurren während des Fressens beschrieben. Wenn der Hund wieder auf seinen vier Läufen steht, nehmen Sie das Ende der Schnur in die Hand und gehen rückwärts weg, um ihm dann erneut Ihr Hörzeichen ertönen zu lassen. Dieses Mal kommt er mit allergrößter Wahrscheinlichkeit, für den anderen Fall haben Sie ja die Schnur zum kräftigen Herbeiziehen. Sitzt er dann vor, erhält er ein Leckerle und Lob und Sie wiederholen das Abrufen, damit er wirklich weiß, wofür er geschimpft wurde.

Ein paar Tage konsequentes Handeln Ihrerseits und Ihr Junghund lässt sein geprägtes Wohlverhalten wieder die Oberhand gewinnen.

Die kurzfristig „aufmüpfigen" Zeiten ließen sich auch durch die positive Ausnutzung der prägenden Sozialisierungsphase nicht ganz unterdrücken. Es ist eine biologische Phase, die jeder Hund mehr oder weniger auffällig durchläuft.

Durch das schon wochenlange gemeinsame „Spielen", „Arbeiten" und „Erleben" besonderer Situationen ist die Bindung Ihres Junghundes an Sie sicherlich sehr intensiv geworden, dadurch wird das weitere Zusammenleben auch besonders erfreulich werden.

Denken Sie jedoch daran: Ihr Welpe hat Lernen gelernt. Er muss unter allen Umständen weiterbeschäftigt werden, denn er wird noch lange Jahre für neue Aufgaben lernfähig bleiben.

Ein unterforderter Hund verkümmert und/oder entwickelt fürchterliche Untugenden – aber das passiert ihm ja bei Ihnen bestimmt nicht!

Kapitel VI

Zukünftige Welpenbesitzer fragen

Durch meine jahrelange Beschäftigung mit Welpen und Junghunden und deren Besitzern bin ich häufig auch Ansprechpartner für mehr oder weniger bekannte Menschen, die gerne „auf den Hund kommen" möchten. Die dabei entstandenen Fragen möchte ich Ihnen nachfolgend aus meiner Erfahrung heraus beantworten.

1. Welche Veränderungen bringt ein Hund grundsätzlich mit sich?
Grundsätzlich gilt – nichts wird mehr sein wie vorher!

a) *Zeit:* Sie müssen für Ihren Hund da sein und ausschließlich für ihn täglich 1½ bis 3 Stunden Zeit aufwenden können. Das Dasein gilt besonders bis zu seinem 6. Lebensmonat, der Zeitaufwand muss im Laufe des Hundelebens nur anders eingeteilt werden.
b) *Geld:* Sie brauchen von Anfang an mehr Geld. Das beginnt mit dem Anschaffungspreis, der je nach Herkunft auch ein paar tausend Mark sein kann. Sie müssen vernünftiges Futter kaufen, Hundehalterhaftpflicht und Hundesteuer schlagen zu Buche. Tierarztkosten sind auch bei einem gesunden Hund mindestens zweimal im Jahr fällig, aber vor Unfällen und Infektionskrankheiten ist ein Hund nicht unbedingt zu bewahren, d. h., Sie müssen mit mehr Ausgaben für den Tierarzt rechnen.

Je nach Typ muss Ihr zukünftiger Begleiter auch noch alle paar Monate zum Hundefriseur, zumindest, wenn Sie sich die Mühe nicht selbst machen wollen oder können. Auch das Hundezubehör ist nicht unbedingt billig, schon gar nicht, wenn Sie in der Euphorie des zu erwartenden Welpen einkaufen gehen.

144

Kleidung wird durch Hundehaltung schmutzig.

c) *Platz:* Eine voll gestellte enge Wohnung eignet sich nicht für einen Irish Wolfhound oder eine Dogge. Möchten Sie trotzdem einen Riesen, müssen Sie vorher umziehen. Aber sonst brauchen Hunde viel weniger Platz als Zeit. Ein draußen müde gemachter Hund legt sich auch in jungen Jahren friedlich auf sein Lager, wenn er daheim ist. Damit Sie nicht mehr als zweimal täglich richtig spazieren gehen müssen, ist ein wenigstens „handtuchgroßes" Gärtchen für das Zwischendurch-Gassigehen sehr empfehlenswert. Wobei bei sehr kleinen Hunden dafür durchaus ein Terrassen- oder Balkonauslauf in Form von flachen Pikierschalen, mit Rasen bepflanzt, genügt.

d) *Auto:* Welpen und Junghunde sollten nie auf ihren eigenen Pfoten vom Haus weglaufen müssen. Zunächst ist es in den ersten Monaten gegen ihre Natur, dann aber beginnen sie den Rundgang vom Heim 1. Ordnung als ihr Revier zu betrachten. Sie werden versuchen, es selbstständig zu begehen (→ Streuner), je nach Veranlagung werden sie andere Hunde in dem Gebiet als Eindringlinge behandeln (→ Raufer).

Sozialisiert sind alle Rassen „Wunschhunde".

Ein Auto für die täglichen Spaziergänge an wechselnden Aus-
gangspunkten und für das Treffen mit anderen Hunden ist sehr
wünschenswert, um nicht zu sagen nötig!

e) *Schmutz:* Auch ein gepflegter Hund macht Schmutz. Da er in
der Nähe seiner Menschen sein will und muss, werden überall
mehr Staub und Haare sein, aber auch Krümel und Tropfen von
Futter und Wasser. Manchmal wird es richtig Dreck geben, und
zwar, wenn Sie nicht schnell genug Pfoten und Bauch abge-
spritzt und abgetrocknet haben und Ihnen der schlammige
Hund ins Haus springt. Zuvor war er womöglich noch nass
und schmutzig im Auto, da hat er sich geschüttelt, so dass
außer seiner Decke auch die Fenster und der Himmel verdreckt
sind.

f) *Kleidung:* Es gibt kein schlechtes Wetter, sondern nur falsche
Kleidung. Zumindest Ihr normaler Hund ist dieser Ansicht
und will bei Wind und Wetter spazieren gehen. Das ist eine

gesunde Chance für Sie, solange Sie richtig gekleidet sind. Als begeisterter Hundebesitzer werden Sie bald mehr „Hundeklamotten" im Schrank haben als schicke Sachen.

g) *Freunde:* Dass sich alle Familienmitglieder auf einen Hund freuen, ist Voraussetzung für die Anschaffung eines solchen. Mit den Freunden wird es sich im Laufe der Zeit zeigen: Einige werden sich sogar als Dogsitter anbieten, einige werden sich immer seltener mit Ihnen treffen, einige arrangieren sich mit Ihrer verständnisvollen Unterstützung. Aber das Schönste ist, dass Sie ganz viele neue Freunde kennen lernen werden. Ein Hund ist der Kommunikationsfaktor Nr. 1! Je verträglicher und je gehorsamer Ihr Hund ist, umso mehr Freunde werden Sie gewinnen. Leider bleiben Anfeindungen heutzutage trotzdem nicht immer aus. Aber Ihre vielen Hundefreunde gleichen dieses Manko mit Leichtigkeit aus.

Trotz der Veränderungen, die auf Sie zukommen können, bleiben Sie dabei, Sie möchten einen Hund, jetzt stellt sich die Frage:

2. Welche Rasse passt zu Ihnen?

a) Zunächst sollten Sie sich in der Rassevielfalt umsehen. Am besten durch den Besuch einer internationalen Hundeausstellung, wo teilweise bis zu 300 verschiedene Rassen und Schläge vorgestellt werden.

b) In Bibliotheken und im Buchhandel gibt es Bücher, die Hunderassen in Kurzform vorstellen, sogenannte kynologische Atlanten.

c) Wenn Sie sich über die Größe und das allgemeine Aussehen ein Bild gemacht haben, kommt es vor allem auf den Verwendungszweck Ihres Vierbeiners an: Werden Sie mit ihm allein leben, muss er in eine große Familie passen, soll er einen bestimmten „Beruf" ausüben (Jagdhund, Rettungshund u. v. m.). Hunderassen und -schläge sowie die Mischlinge daraus haben in Ihrer Erbmasse ganz bestimmte Eigenschaften, die für oder gegen ihre Anschaffung sprechen.

Auch Irish Wolfhounds haben idealerweise ihre Wurfkiste im Wohnbereich!

3. Wo gibt es den gewünschten Rassehund oder Mischling?

a) *Mischling:* Mischlinge entstehen oft durch Unachtsamkeit des Hündinnenbesitzers während der Läufigkeit. Es sind also Überraschungshundchen, deren Ankunft in aller Regel dem Tierarzt bekannt ist. Also fragen Sie am besten einen Tierarzt nach solchen Hundekindern. Er kann Ihnen womöglich sogar den Vater verraten. Das erleichtert Ihnen die Entscheidung, da Sie eher wissen, was größen- und wesensmäßig auf Sie zukommen wird.

b) *Rassehund:* Wenn Sie schon viel Geld für Ihren Welpen ausgeben, sollten die Voraussetzungen für seine Gesundheit, sein Wesen und sein Aussehen kontrolliert werden. Dieses wird am besten vom VDH (Verband für das Deutsche Hundewesen) durchgeführt. In anderen Ländern gibt es entsprechende Dachverbände, die alle der FCI (Fédération Cynologique International) unterstehen.

Kontaktliegen beginnt in der nicht überwärmten Wurfkiste und wird später im Garten-auslauf fortgesetzt.

Die Anschrift von Züchtern, die einem Zuchtverein im VDH an-gehören, erhalten Sie bei Ihrem Tierarzt. Sie finden sie in guten Hundefachzeitschriften, die die Welpenvermittlungsstelle des je-weiligen Rassehundeclubs veröffentlichen.

4. Hündin oder Rüde?
Kommen Sie mit einem Rüden oder einer Hündin besser aus?

a) Wenn Sie aus Erfahrung Ihre Vorliebe kennen, sollten Sie sich danach richten.
b) Wenn in Ihrer Nachbarschaft mehr Hündinnen sind, tun Sie gut daran, sich auch eine anzuschaffen. Denn Rüden reagieren auf die Hitze (Läufigkeit) jeder Hündin von neuem.
c) Haben Sie mehr Rüden in der Gegend, aber Ihr Hund kann nicht alleine das Haus verlassen, können Sie sich ganz frei nach Geschmack entscheiden.
d) Bei vielen Rassen wirkt der Rüde imposanter, aber meistens benimmt er sich eben auch imponierender als eine Hündin, d. h., als Anfänger sollten Sie nach Möglichkeit bei großen, wehrhaften Rassen keinen Rüden wählen. Haben Sie sich eher

Der Indoor-Auslauf um die Wurfkiste herum ermöglicht den Welpen frühzeitig genügend Bewegung.

für eine als sanftmütig geltende Hunderasse entschieden, spielt die Wahl wiederum keine so große Rolle.

e) Eine Hündin wird zwar in der Regel zweimal im Jahr heiß (läufig), Sie müssen jeweils ca. 21 Tage Rüden aus dem Weg gehen. Aber eben nur in dieser Zeit.

f) Rüden sind fast das ganze Jahr über „läufig", da die Hündinnen in unserer Zivilisation ihren Zyklus nicht an feste Jahreszeiten binden.

g) Die Anhänglichkeit wird Hündinnen mehr nachgesagt, aber das kann ich generell so nicht unterstreichen, da zu viele Faktoren mitspielen. Ich kenne einige extrem führerbezogene Rüden und mindestens ebenso viele selbstständige Hündinnen. Jeder Hund ist eben doch ein Individuum.

Vielleicht wissen Sie jetzt immer noch nicht, ob Sie einen Rüden oder eine Hündin bevorzugen, aber Sie wissen bestimmt, dass Sie sich – was auch immer – einen Welpen kaufen werden (sonst würden Sie nicht ausgerechnet dieses Buch in den Händen halten).

Sanfte Reize auch über der mit Kleintierstreu ausgelegten Toilettenecke.

Trotz aller Vorschriften und Kontrollen gibt es doch auch im VDH schwarze Schafe unter den Züchtern. Damit Sie denen nicht ausgeliefert sind, beantworte ich Ihnen Ihre Fragen.

5. Wie erkenne ich einen wirklich guten Züchter?

Vor den Beginn einer seriösen Hundezucht hat in Deutschland der maßgebliche Dachverband für das Hundewesen, VDH, Anforderungen gestellt. Diese werden im Folgenden nicht buchstabengetreu wiedergegeben, sondern so, dass erkenntlich wird, welche Voraussetzungen überhaupt gegeben sein müssen.

Das Wichtigste ist die typvolle, gesunde Hündin, die von einer internen Rassezuchtkommission angekört wurde, also Zuchtzulassung hat.

Der Welpengarten bietet allerhand zur körperlichen Ertüchtigung.

Dann beginnt für den Züchter die zeitraubende Arbeit der Ahnenforschung. Diese kann heute nicht nur aus Zuchtbüchern, sondern vor allem auch mit Hilfe einer Datenbank recht genau betrieben werden.

Der oder die so gefundenen Deckrüde(n) werden nun vom (hoffentlich) allwissenden Zuchtwart für die geplante Paarung befürwortet.

Der zukünftige Züchter lässt seinen fantasievollen Zwingernamen international schützen.

Er hospitiert so oft wie möglich bei befreundeten und erfahrenen Züchtern vor allem beim Geburtsvorgang, dem Werfen der Welpen.

Neben der inzwischen vielfältigen Lektüre über die Aufzucht von Welpen lässt sich der Züchter in spe alles Nötige vom Wurfabnahmeberechtigten seines Rasseclubs erklären. Selbstverständlich wird er sich wiederum bei anderen Züchtern die Zuchtstätten genau anschauen. Dabei wird er leider auch manchmal lernen müssen, wie er es als umsichtiger Züchter nie machen darf. (Diese Negativbeispiele finden sich aber besonders häufig im Ausland!)

152

Kinder gehören unbedingt zur Welpenaufzucht.

Die richtige Aufzucht
Im Folgenden beschreibe ich Ihnen die optimale Aufzucht von Golden Retrievern bei meiner Freundin Else.

- Sie hat natürlich die oben angeführten Auflagen sehr sorgfältig erfüllt.
- Sie wird ihrerseits gleich zu Beginn den sich vorstellenden Welpenkäufer auf seine Hundetauglichkeit prüfen. Um ja nichts zu vergessen, hat sie einen ganzen Katalog von Fragen zusammengestellt – und mit jedem Wurf kommen aus der Erfahrung noch ein paar neue dazu.

Ein Züchter, der nicht genau wissen will, wo seine Welpen „landen", wird sich in den allermeisten Fällen auch nicht besonders um ihre Aufzucht kümmern.

Else hingegen hat sich mit viel Aufwand in jeder Hinsicht kynologisch kundig gemacht und hat dann mit viel Geschick ihr theoretisches Wissen in die Praxis umgesetzt.

- Die beiden typvollen Zuchthündinnen leben natürlich voll integriert in die Familie mit im Haus. Sie begrüßen den Besucher freundlich und genießen die Aufmerksamkeit.
- Die Wurfkiste befindet sich im Wohnbereich und wurde schon vor dem errechneten Wurftermin dort aufgestellt. Die trächtige Hündin wird so damit vertraut und nimmt sie gerne an – zumindest zum Säugen. (Es kann schon sein, dass sie es vorzieht, auf ihrem eigentlichen Schlafplatz zu werfen, aber das ist wieder eine andere Geschichte ...)
- In der Wurfkiste ist es geruchsneutral und trocken, denn was die Mutterhündin eventuell schlecht versäubert, sickert durch die moderne Vetbedeinlage nach unten.
- Die Welpen, hoffentlich mehr als zwei, liegen in den ersten Tagen zufrieden beieinander. Dieses Kontaktliegen ist wichtig und wird keinesfalls durch übermäßige Raumtemperatur oder gar eine Wärmelampe über der Welpenkiste gestört.
- Else hat natürlich ein Wurfprotokoll angefertigt, aus welchem der Geburtsablauf und die äußerlichen Merkmale der nummerierten Welpen hervorgehen.
- Die Gewichtskontrolle etc. von der Geburt bis zur Abgabe ist ebenfalls auf einem solchen Bogen festgehalten.
- Der Tierarzt kommt innerhalb der ersten 24 Stunden zur Visite, kontrolliert die Welpen seinerseits und ergreift gegebenenfalls vorbeugende Maßnahmen gegen eventuelle Infektionen.
- Die vorbildlich ernährte Mutterhündin hat in den ersten Tagen auch mit elf oder zwölf Welpen keine Probleme, obwohl sie natürlich durch das häufige Säugen und Säubern der Welpen nur wenig zur Ruhe kommt.
- Je nach Wurfstärke beginnt das Zufüttern mit spezieller Welpenmilch nach 12 bis 21 Tagen.
- Durch das häufige „In-die-Hand-Nehmen" für die o. g. Tätigkeit oder einfach nur zum Schmusen gewöhnen sich die Welpen von Anfang an an die menschliche Hand.

Umsichtige Vorbereitung auf das Leben
- Das Familien- und Besuchsleben geht um die Welpenkiste und den dann vergrößerten Welpenauslauf herum weiter.

Hundebett: Nicht nur zum Schlafen!

In der dritten Lebenswoche reagieren die Welpen auf die Geräusche, sie erkennen, was sie sehen, und sie wollen sich mehr bewegen.
- In dieser Zeit, bis zur 4. Lebenswoche, passt Else sehr auf, dass keine Reizüberflutung stattfindet. Die Welpen sollen sich langsam und ohne Schrecken an die Umgebung gewöhnen.
- Sanfte Reize, wie einen Ball oder ein Plüschtier, das vom Rand baumelt, finden die Welpen aber vor.
- Der Welpenauslauf wird jetzt ab der 4. Woche auch nach draußen in einen geräumigen Garten vergrößert.
- Die Welpen versuchen schon selbst, ihr Lager sauber zu halten, und haben dafür eine bestimmte, große Fläche, die mit einer hundegeeigneten Kleintierstreu belegt ist.
- Beim gemeinsamen Füttern aus großen Schalen achtet die Züchterin darauf, dass hierbei keine Aggression auftritt.

155

- Besucher dürfen jetzt die Welpen auch selbst in die Hand nehmen, damit sich diese nicht zu einseitig auf Else und ihren engagierten Mann prägen.

Reizvolle Anregungen

Bewegliches (tragbares) Spielzeug, das immer wieder ausgewechselt wird, animiert die kleinen Retriever schon früh zum Apportieren. Da findet man Stoff- und andere Bälle, Plüschtierchen, zusammengeknotete Socken, aber sicher keine Quietschtiere. Wurzeln und Zweige besorgen sich die Kleinen selber.

- Zur körperlichen Ertüchtigung gibt es z. B. einen mittleren Baumstamm, eine Kiste zum Ein- und Aussteigen und einen Tunnel. Außerdem verschiedene Styroporpaletten zum Daraufliegen und diverse Holzkisten zum Klettern.
- Auch die optischen Reize werden häufig gewechselt: Plastikstreifen, die vom Baum wedeln, ein Riesenstofftier, das plötzlich im Gras liegt, ein großer Spiegel, der immer wieder aufgestellt wird, und die Wäsche, die an der Leine über dem Welpenspielplatz trocknet.
- Außer den üblichen Haushalts- und Straßengeräuschen können die Welpen auch noch selbst „lärmen", dazu liegen eine Kaffeedose mit Steinen darin und eine mit Schrauben gefüllte Flasche im Gras.
- Selbstverständlich werden Nachbarskinder fast täglich zum Spielen eingeladen, für Kind und Hund eine wichtige und beglückende Erfahrung.
- Bekannte, aber durchaus andersrassige Hunde kommen mit auf Besuch. Das ist für die Hundemutter eine willkommene Abwechslung und für die Welpen die Erkenntnis, dass es nicht nur Golden Retriever auf der Welt gibt.
- Da Yuma und Basra, die Großmutter und die Mutter, immer bei den Welpen sein dürfen, haben diese auch genügend Spiel- und Lehrmeister für ihr zukünftiges Leben.
- Die Welpen werden noch mehr gefördert, indem sie ab der 5. Woche zusammen mit der Mutter ins Gelände gefahren werden, wo sie schon einmal den Duft der großen Hundewelt schnuppern können. Da geht es an den Waldrand, an ein Bäch-

Die Hundeeltern sind beim Abschiedsfoto nochmals ganz liebevoll zum Welpen.

lein oder einfach auf eine große Wiese. So wird auch gleich das Autofahren spannend gemacht. Ein sehr wichtiger Faktor in der heutigen Zeit!

Endlich: der passende Welpe!
Ab der 6. Lebenswoche ist es ziemlich sicher, welcher Welpe zu welchem Menschen passt.

- Bestätigte Welpenkäufer dürfen 1-, 2- oder sogar 3-mal die Woche zum Spielen kommen, das ist besonders wichtig, wenn man „seinen" Welpen schon kennt.
- Bei jedem Besuch gibt die Züchterin neue Informationen und wiederholt das Wichtigste. Viele Dinge sind schriftlich zusammengefasst, nicht nur der obligatorische Futterplan!

Beide sind glücklich:
die neue Besitzerin und der
strampelnde Welpe.

- Dass die Welpen in diesem Zwinger nach modernsten Erkenntnissen nicht bloß ernährt, sondern auch entwurmt und geimpft werden, ist ganz klar.
- Mit dem Welpen auf dem Arm und dem Kaufvertrag in der Tasche (die Ahnentafel ist meistens leider vom Club noch nicht fertiggestellt), bleibt der Käufer aber nun mit seinem Glück nicht allein.
- Die Züchterin hat dafür gesorgt, dass er und sein Welpe zunächst bis zur 16. Lebenswoche an qualifizierten Prägungsspieltagen teilnehmen können.

So also sieht die ideale Zuchtstätte für einen VDH-Rassehund aus. Steigerungen sind eventuell noch möglich, aber Abstriche sollten Sie als Welpenkäufer auf keinen Fall hinnehmen.

Fehler oder Unterlassungen während der prägsamsten Zeit im Hundeleben sind nicht mehr oder nur sehr ungenügend auszugleichen.

Der Ausgleich könnte nur geschehen, indem der Welpe schon weit vor der 8. Woche in die neue Familie kommt, die ihm dann genügend Welpenspieltage und auch Kontakte mit freundlichen, erwachsenen Hunden bietet und ihm überhaupt (siehe oben) sein Leben sinnvoll gestaltet.

Sie haben für Ihren Rassehund eine ähnlich gute Zuchtstätte gefunden, der Züchter hat Sie für „gut befunden" und in den nächsten Tagen holen Sie Ihren Welpen ab, da stellen Sie die Frage:

6. Was muss ich vor der Ankunft des Welpen erledigen?

a) *Prägungsspieltag:* Sie müssen einen Prägungsspieltag ausgesucht und Ihren Welpen bereits angemeldet haben.

b) *Tierarzt:* Sie haben sich einen Tierarzt empfehlen lassen und bei diesem sofort nach der Ankunft des Welpen einen Vorstellungstermin geben lassen.

c) *Hundehalterhaftpflicht:* Sie haben Ihrem Versicherungsvertreter Bescheid gegeben und eine Police ab Ankunftstag des Welpen unterschrieben.

d) *Fahrer:* Sie haben einen Fahrer für den Heimweg mit Ihrem kostbaren Vierbeiner organisiert. Ein Welpe tendiert dazu, die Person, die ihn anfangs auf dem Schoß hatte, am meisten zu lieben. Also lassen Sie sich diese Chance nicht entgehen.

e) *Einkaufsbummel:* Sie haben anhand Ihrer Liste die folgenden Anschaffungen für Ihren Welpen getätigt: kleine Mengen Futter und Leckerle, am besten zunächst nach der Empfehlung des Züchters. Kaufen Sie aber wirklich nur kleine Mengen, viele Welpen fressen das bisher gewohnte Futter in der neuen Umgebung nicht mehr oder nicht mehr lange.

Die Futternäpfe hingegen dürfen ruhig schon groß sein, Ihr Welpe frisst schöner und besser daraus.

Eine Höhle bzw. ein Körbchen aus waschbarem Plüschmaterial oder auch ein Karton, mit kuscheligem Kunstfell ausgelegt, sollte als erstes Lager parat sein.

Eine leichte Leine, ein Brustgeschirr fürs Autofahren und ein Halsband, das noch mitwächst, sind ebenfalls nötig. Ein weiches, sehr großes Stofftier als Kumpan für den nun geschwisterlosen Welpen. Dies wird ihn bestimmt ablenken, wenn Sie einmal etwas anderes tun müssen, als mit dem Welpen zu spielen.

Ein alter Tennisball, der mittels Socken Ohren bekommen hat, ist ein immer angenommenes Spielzeug.

Jetzt haben Sie alles Wichtige erledigt und können die Vorfreude auf Ihr neues Familienmitglied voll genießen.

Kapitel VII

Der Welpe ist da und damit auch neue Fragen

Ihr Welpe ist gut zu Hause angekommen. Zwar hat er sich beim Stop-and-go-Verkehr trotz leeren Magens einmal erbrochen, aber das hat ihn nicht weiter beeinträchtigt. Sie haben hoffentlich kommentarlos ein frisches Handtuch auf den Schoß genommen und Ihr Welpe hat sich wieder zusammengerollt. Wenn es so war, hat dieses Erbrechen auch keine Auswirkung auf das zukünftige Verhalten beim Autofahren.

Auf der Wiese beim Haus hat er sich umgeschaut und dann gleich fürs erste „Wässerchen" hingehockt, somit hatten Sie schon Gelegenheit, ihn zu loben.

Im Haus haben Sie die Treppensicherung geschlossen und sind in seiner Nähe geblieben. Jetzt kommt Ihnen schon die erste Frage:

1. Er muss so oft raus, wie trage ich meinen Welpen richtig?

Ich gehe davon aus, dass Sie Rechtshänder sind, dann unterstützen Sie dem Welpen das Hinterteil mit angewinkelten Beinchen mit dem rechten Unterarm, die Hand greift sich die beiden Hinterpfoten. Mit der linken Hand halten Sie den Brustkorb und beide Vorderpfötchen. Der Welpe sitzt eigentlich auf Ihrem rechten Unterarm und schaut sich beim Tragen die Welt vergnügt von oben an.

Das vielfach geübte „Kindchentragen" ist eine regelrechte Gemeinheit für einen Welpen: Erst nehmen Sie ihm den Boden unter den Füßen weg und dann drehen Sie ihn auch noch auf den Rücken. *Merke:* Das macht man nicht in Hundekreisen! Ein Welpe ist kein kleines Kind, sondern ein kleiner Hund, der als solcher respektiert werden will.

„Kindchentragen" ist eine Entwürdigung des Welpen.

So ist es korrekt.

2. Warum frisst er bei uns nicht so viel wie beim Züchter?

Wenn Ihr Welpe nicht einer besonders verfressenen Spezies wie z. B. Cocker Spaniel oder Retriever angehört, dann schlägt ihm die Umstellung ein wenig auf den Magen. Er hat nicht so viel Hunger, er hat vielmehr Sorge, Sie, sein neuer Chef, könnten auch aus seinem Leben verschwinden. Erst wenn er Ihnen traut, kommt auch der Appetit wieder.

Trotzdem wird er wahrscheinlich weniger fressen, vermutlich verbraucht er bei Ihnen weniger Kalorien als im Spiel mit seinen Geschwistern, außerdem fehlt der Futterneid. Sie dürfen jetzt auf keinen Fall „Theater" ums Futter machen, sondern stellen ihm eine kleine Portion der vorgesehenen Mahlzeit hin und bleiben unauffällig in der Nähe. Nimmt er in den nächsten 10 Minuten kein Futter an, stellen Sie es kommentarlos weg. Jetzt bitte keine Leckerle füttern! Erst zum Zeitpunkt der nächsten Mahlzeit (s. Futterplan des Züchters) bekommt er wieder das passende Futter hingestellt. Bleiben Sie eisern bei dieser Vorgehensweise. Erst wenn Ihr Welpe zwei Tage gar nichts gefressen hat (trinken muss er allerdings auch schon am ersten Tag), sollten Sie ein anderes Futter versuchen. Manchmal hilft es, wenn Sie einen befreundeten Hund „zum Essen einladen", dieser bringt den Knoten dann zum Platzen und Ihr Welpe frisst ab sofort normal.

3. Unser Welpe will immer auf die Couch, was sollen wir tun?

Dass ein Welpe auf die Couch will, ist normal. Sie müssen vorab entscheiden, ob Sie das auch mögen.

Wenn absolut nicht, ist die Angelegenheit so schnell erledigt wie beim Ins-Bett-Wollen: Sie packen ihn am Nacken und ziehen ihn energisch runter mit einem strikten „Nein!". Geht er wieder hoch, waren Sie für diesen Welpen nicht energisch genug: Verdoppeln Sie die Stärke Ihres Handgriffs und die Lautstärke. Die Korrektur seines Verhaltens muss gleich zu Beginn richtig erfolgen, dann reicht sie zeitlebens.

Finden Sie es gemütlich, wenn vor allem abends Ihr Welpe auf dem Sofa neben Ihnen liegt, sollten Sie ihm das nur auf seiner speziellen Decke und nur nach Ihrer ausdrücklichen Aufforderung gestatten (s. Dominanzprobleme).

Dass Ihr Welpe in anderen Wohnungen oder gar im Gasthaus auf keinen Fall auf Couch oder Bank darf, müssen Sie auch von Anfang an klären. Das heißt: Machen Sie häufig irgendwo mit Ihrem Welpen einen Besuch, gehen Sie mit ihm ins Restaurant. Das kleine Einmaleins des guten Benehmens muss er jetzt lernen.

4. Welche Aufgaben dürfen unsere Kinder übernehmen?

Wenn Sie vor der Anschaffung Ihres Welpen alles bedacht haben, dann ist Ihr jüngstes Kind bereits im Kindergarten. Somit ist gesichert, dass der Welpe auch tagsüber ausreichend zur Ruhe kommt und Sie genügend Zeit für seine individuelle Erziehung haben. Das heißt, wenn Ihr Kind oder Ihre Kinder daheim sind, sollen sie (in Ihrer Gegenwart!) viel mit ihm spielen.

Je älter und vernünftiger ein Kind ist, um so mehr kann es für den Welpen tun: Es kann das Futter zubereiten und dem Welpen hinstellen – alles Weitere ist allerdings Sache des Chefs (Komm-Pfiff etc.).

Ihr Kind kann den Welpen auch in den Garten begleiten und ihm beim Sichlösen das „Zauberwort" sagen und ihn nach beendetem Geschäft kräftig loben.

Speziell für Einzelkinder, die schon in die Schule gehen, ist es ein wunderbares Gefühl, den Welpen mit ins Zimmer nehmen zu dürfen, wo er u. U. ein weiteres Schlafplätzchen hat, so dass er beim Schularbeitenmachen einfach nur dabei ist. Das Spiel zwischendurch ist für beide „Teile" nur förderlich. Sie sollten es zulassen. Es pendelt sich bald auf normal ein.

Natürlich darf Ihr Kind auch mal die Pfütze aufputzen, denn der Welpe soll dabei ja nicht zuschauen, d. h., Sie verlassen mit ihm den Ort des Geschehens, während Heinzelmännchen sauber macht.

Erziehung und Ähnliches kann ein Kind oder ein Jugendlicher nicht übernehmen (s. biologisches Alter).

5. Unser seit Jahren allein in der Familie lebender Althund lässt sich vom Welpen plagen. Wie sollen wir uns verhalten?

Sie müssen eingreifen. Ihr Althund muss wissen, dass er sich wehren darf. Er ist vermutlich ein führiger Hund, der es Ihnen recht machen will (vermenschlicht ausgedrückt), das heißt, Ihr Eigentum bzw. ein weiteres Familienmitglied wird geschont. Bevorzugen Sie sehr bewusst in allem Ihren Althund: Er wird zuerst begrüßt, er bekommt zuerst sein Futter, er darf zuerst ins Auto usw.!

Hängt Ihr Welpe an seinen Ohren, bis der Alte quietscht, dann müssen Sie den Kleinen energisch mit sehr festem Griff wegziehen. In diesem Fall sagen Sie keinen Ton dazu, es soll der Eindruck entstehen, der Althund hätte selbst eingegriffen. Nach wenigen Tagen dürfte das Verhältnis geklärt sein: Ihr Althund wehrt sich selbst, sofern er es nötig hat, und der Junge entwickelt dann den natürlichen Respekt. Gerade wenn ein Althund im Haus ist, muss der Welpe regelmäßig die Gelegenheit haben, mit gleichaltrigen Welpen zu spielen, um ein wirklich anständiges Verhalten den Artgenossen gegenüber weiter zu üben.

Es mag Ihnen im Laufe der Zeit sogar grob erscheinen, wie sich der ältere Hund wehrt. Lassen Sie ihn, er weiß schon, wie weit er bei seinem Plagegeist gehen muss. An Welpen gewöhnte Althunde sind sogar sehr rigoros, aber es passiert nichts, es sieht nur erschreckend aus.

6. Wie kann ich die unterschiedlichen Bedürfnisse des erwachsenen Hundes und des Welpen beim Spazierengehen befriedigen?

Die Unterschiedlichkeit ist bei großen und sehr großen Hunderassen besonders deutlich. Die erwachsenen Tiere haben ein großes Laufbedürfnis, die Welpen und Junghunde sollen vor allem wegen der Gelenkbelastung nicht so große Strecken zurücklegen.

Wann immer es geht, soll ein Familienmitglied mit dem erwachsenen Hund einmal täglich sehr ausgiebig weggehen. Oder jemand bleibt beim Welpen daheim und Sie unternehmen die große Runde mit dem Althund.

Beides ist nur selten möglich: Dann hilft nur ein Wagen. Wenn Sie ein sehr großes Auto haben, können Sie vielleicht einen leichten Leiterwagen einladen, ist Ihr Auto nicht so geräumig, empfiehlt es sich, einen gebrauchten Kindersportwagen zu benützen. Diesen können Sie zusammengeklappt einladen und er wächst sozusagen mit. Buggys eignen sich nicht dafür, sondern der Wagen muss große Räder haben und eine ziemlich lange Liegefläche bieten.

Mit dem Brustgeschirr versehen, wird der Welpe nach einigen Minuten Spaziergang ins Wägelchen gesetzt (das hat man im Haus schon einmal geübt). Die Leine behalten Sie am besten in der Hand, so können Sie besser reagieren, als wenn Sie den Welpen festzurren. Am Anfang wird der Welpe bald wieder laufen wollen. Lassen Sie ihn. Mit jedem Mal reinsetzen werden die Fahrzeiten länger. Und mit jedem Spaziergang genießt Ihr kleiner Welpe die Sicherheit des Wagenfahrens mehr. Er ist darin nämlich auch vor entgegenkommenden erwachsenen Fremdhunden ziemlich sicher. Die kümmern sich wie bisher um Ihren Althund und merken gar nicht, dass da so ein kleiner Welpe mit dabei ist.

Wenn Sie die ersten Hemmungen (was sagen bloß die Leute?) überwunden haben, genießen Sie die Spaziergänge zu dritt, so lange Sie wollen.

Im übrigen werden Sie bestimmt nach dem Grund Ihres Kindersportwagens gefragt. Wenn Sie es den Leuten dann erklärt haben, finden sie es eine durchaus akzeptable Lösung. In den meisten Fällen hören Sie aber nur: „O wie süß…" Das können Sie doch ertragen – oder?

7. Wie gewöhne ich unsere Katze(n) an den Welpen?

Normalerweise, indem Sie sich gar nicht darum kümmern. Aber da Katzen noch unterschiedlicher in ihren Reaktionen sind als Hunde, wurde ein ganzes Buch darüber geschrieben, und darin finden Sie bestimmt auch die für Sie infrage kommende Lösung. Es heißt: „Hund und Katze unter einem Dach" (s. Buchempfehlungen).

8. Kaninchen, Meerschweinchen und Welpe – Wie macht man das?

Das ist ganz einfach, wenn Ihr Welpe erst 7 bis 8 Wochen alt ist, wenn er zu Ihnen kommt: Gleich am ersten oder zweiten Tag lassen Sie beide unter Ihrer Aufsicht im Zimmer frei. Sie werden sehen, Sie können einfach nur beobachtend dabei sein. Selbst bei Jagdhunderassen passiert in diesem Alter nichts. Diese familieneigenen Beutetiere werden verschont, manchmal sogar sanft als Spielgefährten angenommen.

Bei älteren, aggressiveren Welpen empfiehlt sich sicherheitshalber das Brustgeschirr und eine längere Schnur daran. Im „Ernstfall" muss der Welpe kräftig zurückgezogen werden. Ist der Nager nicht zu sehr erschreckt, kann man weitermachen, hält er es nicht gut aus, müssen Sie die beiden getrennt halten. Vor allem Zierhasen können vor Schreck einen Herzschlag erleiden, was Sie sicherlich vermeiden wollen.

9. Unkontrolliertes Urinieren beim Begrüßen von Bekannten – Was kann ich dagegen tun?

Ihr Welpe ist altersgemäß und auch ein bisschen durch Veranlagung noch unsicher, deswegen uriniert er auch dann unterwürfig, wenn er sich freudig einem lieben Menschen nähert. Jetzt müssen Sie die Menschen erziehen, d. h., Besucher werden angewiesen, den Welpen so lange zu ignorieren, bis er sich beruhigt hat. Spätestens jetzt werden Sie überzeugt sein, dass es doch leichter ist, einen Welpen zu erziehen als einen Menschen! Damit Sie sich

Ein nasses T-Shirt schafft Verdunstungskälte und ermöglicht dadurch auch im heißen Auto einen Ausflug.

nicht auch noch über Flecken im Teppich ärgern müssen, empfiehlt es sich, zur Begrüßung vor die Eingangstür zu treten, dann kann sich der Welpe durch Herumrennen auch besser abreagieren. Je früher Sie mit dieser Therapie beginnen, um so eher haben Sie eine normale Situation geschaffen.

Wenn Sie erst nach Wochen oder gar Monaten Maßnahmen ergreifen, hat sich das Öffnen der Blasenmuskulatur unter den gegebenen Umständen automatisiert und ist sehr schwer abzustellen. Also nur durch Gleichgültigmachen der Begrüßungssituation können Sie den Welpen beeinflussen. Mit zunehmendem Alter wird er unter Ihrer Obhut sowieso immer selbstbewusster und bald können wieder alle Freunde ihre Begeisterung auch richtig zeigen.

10. Darf der Welpe unterwegs Fremde einfach anspringen?

Nein. Und zwar auch dann nicht, wenn die fremde Person es momentan niedlich findet. Vielleicht haben Sie einen groß wachsenden Hund, dann wird dieselbe Person bereits in drei Monaten

Sie übel beschimpfen, weil dieser „Köter" sie schmutzig macht oder gar ängstigt.

Wann immer Ihnen jemand entgegenkommt, sollten Sie sich interessant machen (oft genügt es, sich zu bücken und mit Begeisterungslauten im Gras zu wühlen), so dass sich Ihr Welpe verstärkt auf Sie konzentriert. Ist er nun in Ihrer Nähe, halten Sie ihn spielerisch fest, bis die „Gefahr" vorüber ist. Selbstverständlich wollen Sie Ihren Welpen nicht menschenscheu machen, deswegen darf er nach Ihrer Aufforderung auch zu dem einen oder anderen Spaziergänger hin – vorausgesetzt, dieser möchte gerne den Welpen streicheln. Schon früh lernt Ihr Welpe ja die Übung „Sitz", also werden Sie je nach Können Ihrem wachsenden Welpen, wenn er bei Ihnen ist, auch das Sitzen abverlangen – das sind wunderbare Gehorsamsübungen in der Praxis.

Auf die gleiche Weise bestimmen Sie übrigens auch, ob und wann Ihr Welpe zu einem entgegenkommenden Hund darf. Das kann überlebenswichtig sein!

Wählen Sie je nach Alter Ihres Welpen zunächst Spaziergänge mit weniger Leuten und steigern Sie das – manchmal genügt es, die Zeiten zu ändern. Auf keinen Fall soll Ihr Welpe an die Leine genommen werden – er kann sich ja noch gar nicht so lange konzentrieren. Sie würden die Übungen der Leinenführigkeit dadurch komplett ruinieren.

11. Es ist so heiß, wir haben kein klimatisiertes Auto, können wir mit dem Welpen trotzdem zum Prägungsspieltag fahren?

Glücklicherweise haben Sie ein ausrangiertes T-Shirt oder etwas Ähnliches, denn wenn Sie dieses gründlich nass machen und dem Hund anziehen, fühlt er sich trotz Hitze wohl.

Sie sollten also nicht den Welpen nass machen, sondern ihm ein tropfnasses Kittelchen anziehen, damit er über die entstehende Verdunstungskälte abgekühlt wird. Sie werden sehen, er hört schon nach wenigen Minuten auf zu hecheln. Dadurch, dass sein Fell trocken ist, brauchen Sie auch keine Angst vor Erkältung zu haben. Achten Sie auf einer längeren Fahrt einfach darauf, dass das Hemd, welches übrigens auf dem Rücken geknotet wird, nicht trocknet.

Da Sie ja sowieso eine Thermoskanne mit kühl bleibendem Trinkwasser dabei haben, können Sie das T-Shirt unterwegs einfach immer ein wenig nass halten.

Sie können also nicht nur zum Prägungsspieltag fahren, sondern sogar später mal eine längere Fahrt in den Sommerurlaub planen.

Womöglich haben Sie, verehrter Leser, ja noch viel mehr und ganz andere Fragen, dann muss ich Sie an Ihren hoffentlich kompetenten Spieltrainer oder den Züchter verweisen. Vielleicht finden Sie die Antwort aber auch in einem der nachfolgend empfohlenen Bücher.

Buchempfehlungen

COLDITZ, GABRIELE: Hund und Katze unter einem Dach. Reutlingen 1995.

FEDDERSEN-PETERSEN, DORIT: Hundepsychologie, Stuttgart 1986.

KEJCZ, YVONNE: So sag ich's meinem Hund. Stuttgart 1992.

MÜLLER, MANFRED: Der leistungsstarke Fährtenhund. Reutlingen 1996.

TRUMLER, EBERHARDT: Mit dem Hund auf du. München 1971.

WEIDT, HEINZ: Der Hund mit dem wir leben. Berlin 1989.

Sachwortverzeichnis

Bildnachweis

Umschlagfotos

Hagen-Fotos, H. Kälberer, Kirchheim/Teck

Farbtafeln

Mihelic, Agentur für Photo CD, Melbeck: S. 2, 3, 4 oben, S. 8, 9, 11, 13 unten, 14, 15, 16
Korn: S. 4 unten, 7, 10, 13 oben
Lange: S. 5 unten, 12 oben
Uhlmann: S. 6 unten, 12 unten
Narewski: S. 1

Schwarzweißfotos

Wird kein Name erwähnt, ist das Bild von der Verfasserin.
Gunsilius: S. 73, 118, 125, 127, 136, 149, 150, 151, 152
Mihelic: S. 43, 50, 60, 71, 94, 106, 145
Lange: S. 77
Korn: S. 167
Petri-Lutz: S. 95
Schmid, Antje: S. 66

Zeichnungen

Uhlmann, Graphic Designerin, Warthausen: S. 130, 133
Wird kein Name erwähnt, stellt die Verfasserin die Zeichnung zur Verfügung.